语言对比视角下的英汉翻译研究

秦艳辉　吴君竹◎著

吉林出版集团股份有限公司
全国百佳图书出版单位

图书在版编目（CIP）数据

语言对比视角下的英汉翻译研究 / 秦艳辉，吴君竹
著 . -- 长春 : 吉林出版集团股份有限公司 , 2024. 5.
ISBN 978-7-5731-5238-1

Ⅰ. H315.9

中国国家版本馆 CIP 数据核字第 202451T685 号

语言对比视角下的英汉翻译研究
YUYAN DUIBI SHIJIAO XIA DE YINGHAN FANYI YANJIU

著　　者　秦艳辉　吴君竹
责任编辑　沈　航
封面设计　守正文化
开　　本　710mm×1000mm　　　　1/16
字　　数　207 千
印　　张　12
版　　次　2025 年 1 月第 1 版
印　　次　2025 年 1 月第 1 次印刷
印　　刷　天津和萱印刷有限公司

出　　版　吉林出版集团股份有限公司
发　　行　吉林出版集团股份有限公司
地　　址　吉林省长春市福祉大路 5788 号
邮　　编　130000
电　　话　0431-81629968
邮　　箱　11915286@qq.com
书　　号　ISBN 978-7-5731-5238-1
定　　价　72.00 元

前　言

对比分析是人类认识事物、研究事物的一种基本方法，也是语言学研究的基本方法。翻译就是使用目的语将原文中表达的思想内容准确地表现出来的一种语言活动。

英语和汉语是两种语系不同、风格迥异、文化基础悬殊的语言体系。英语是中国人的外语，是世界上应用范围最广的语言，在中国国内学习英语的人数众多、英语应用相当普遍，人们越来越重视英语的学习和应用；汉语是中国人的母语，具有悠久的发展历史，有着深厚的文化积淀，也有其自身独特的结构规则和审美特征。

要学好语言，就必须了解语言的内在规律。要实现语言间的有效转换，就必须了解语言之间的异同。语言学习和提高的最好方法之一是进行对比。英汉语言对比是翻译活动中的重要组成部分，是建立在两种语言差异基础之上的。英汉对比翻译需要充分了解两种语言的共同点和不同点，进而探索英汉语言对比翻译的技巧和方法。英汉语言对比对英语学习、英汉或汉英翻译教学与实践，以及学术研究、社会历史和文化研究具有现实的理论意义和实用参考价值，在英语学习和实践过程中发挥汉语母语的正迁移影响，能够帮助人们提高英语学习和应用的效率，提升英汉语言转换的效能。

本书共分为六个章节：第一章为翻译的基础理论认知，主要就翻译的概念、性质、特点、过程、标准、分类、基本问题、要求、方法与技巧展开论述；第二章为语言与语言对比，主要围绕对于语言的理解、语言对比研究的形成展开论述；第三章为英汉语言对比分析，依次介绍了英汉语言发展概况，英汉语言差异形成的原因，英汉语言的形、音、义对比，英汉语言的句式句法结构对比，英汉语言的语用分析及语篇对比，共五个方面的内容；第四章为语言对比视角下英汉翻译策略，依次介绍了英汉词汇翻译、英汉句式段落翻译、英汉语篇翻译、英汉语境翻译四个方面的内容；第五章为语言对比视角下英汉习语翻译技巧，分为三部分内容，依次是直译技巧、意译技巧、套译技巧；第六章为英汉翻译相关领域拓展，主要围绕英汉翻译在英语视听说课程中的应用、人工智能背景下的英汉翻译这两方面展开论述。

在撰写本书的过程中，作者参考了大量的学术文献，得到了许多专家学者的帮助，在此表示真诚感谢。由于作者水平有限，书中难免有疏漏之处，希望广大同行指正。

目　录

第一章　翻译的基础理论认知

　　越来越频繁的国际交流，使翻译成为连接不同语言和文化的重要桥梁。翻译不仅包括对语言指示意义的翻译，隐含在语言结构里的文化因素及相关文化背景也是不可忽视的重要因素。本章内容为翻译的基础理论认知，主要就翻译的概念、性质、特点、过程、标准、分类、基本问题、要求、方法与技巧展开论述。

第一节　翻译的概念、性质及特点

随着世界经济全球化的不断深入，翻译作为交际的媒介和信息转换的手段，其重要性也日益凸显出来。为了做好翻译工作，提高翻译质量，有必要对翻译的概念等进行研究。

一、翻译的概念

（一）从广义与狭义上界定翻译

翻译有广义与狭义之分。

广义的翻译也称作"符际翻译"（inter-semiotic translation），包括语言与语言、方言与民族共同语、方言与方言、古代语与现代语、语言与非语言（如符号、数码、体态语等）之间的信息转换。这个概念的外延是相当宽泛的，包括不同语言间的翻译、语言变体间的翻译和语言与其他交际符号的转换等。广义的翻译主要强调"基本信息"的转换，不强调"完全的忠实"。

狭义的翻译一般是指"语际翻译"（interlingual translation），即用一种语言符号解释另一种语言，诸如，英译汉、汉译英、法译英等不同语言之间进行的翻译。狭义的翻译是把一种语言表达的思维内容忠实地用另一种语言表达出来的语言活动。这个定义强调"翻译是一种语言活动"，确定了狭义翻译的性质，表明它是人类多种交际方式中语言交际的沟通。

（二）从传统的层面上界定翻译

从传统定义入手。从辞书解释来看，翻译是指"从一种语言到另一种语言的转换行为或过程（亦指译作），用另一种语言表述出来的文本"[①]"把一种语言转换到另一种语言，把一种语言文字的意义用另一种语言文字表达出来（也指方言与民族共同语、方言与方言、古代语与现代语之间一种用另一种表达）；把代表语

_____

① 新牛津英语词典 [M]. 上海：上海外语教育出版社，2001.

言文字的符号或数码用语言文字表达出来；做翻译工作的人"①。

在上述传统定义里，有以下两点值得注意：

第一，在英语中，"翻译"这个概念须由两个单独条目，即名词和动词来表示，而在汉语中，"翻译"既是名词也是动词，同时还可以表示"译者"的意思。翻译定义中这些明显的差异表明：各种语言之间，不同的事物在表述上可以有不同的对等物；这一点间接触及了关于翻译本质的两个基本点之一，即"翻译对等"概念的相对属性。

第二，就"翻译"的基本解释而言，英汉语之间"翻译行为"和"翻译结果"的核心都涉及"转换"和"意义保留"。然而，"转换"与"意义保留"的含义如何，是指无条件的完全"转换"和"意义保留"，还是指非完全的、有条件的，对于这些问题，传统的定义均未言明。

（三）从现代的层面上界定翻译

现代翻译研究领域出现的定义，主要包括以下几种解释：

第一，用其他语言来解释语言符号，并将翻译过程理解为将一种语言中的信息替换为另一种语言中的完整信息，而非替换为孤立的语码单位。

第二，把一种语言（源语）的文本材料替换为另一种语言（译入语）中对等的文本材料。

第三，从一套语言符号到另一套语言符号的"意义"转移。

第四，从语义到文体，用贴近的自然对等语在接受语言中再现源语信息。

第五，生成一种与特定源文本有关系的功能型目标文本，这个关系是根据目标文本应达到或需要达到的功能（翻译目的）来加以说明的。

将这些概念作比较、分析，我们就能或多或少地对翻译学有一个大致的了解，基本知晓翻译学家对于翻译基本意义和功能的看法。对于多数翻译学家来说，翻译是"意义"的"转移"；是用"其他符号"或"其他语言"进行的"语言符号"的"解释"；是"源语信息"的"重现"，是源文本、目标文本与目标信息、原文信息之间的"对等"。然而，目标文本跟源语信息或功能的对等程度为多少，是

①《现代汉语词典》编委会. 现代汉语词典（修订版）[M]. 武汉：长江出版社，2010.

完全对等还是部分对等，以及怎样从根本上来诠释"完全对等"和"部分对等"，对于这些问题，现有的当代翻译学定义也未能给予合理的解释。

二、翻译的性质

翻译是借助言语的转换来促进文化与社会交际的一种活动。这种活动从语言出发，并且尽可能地扩展，往往涉及文化的众多方面。这里所指的文化，包含较广泛的内容，人们常说的政治、经济、社会、法律、历史、伦理、教育、心理、文学、艺术、风俗、气象、地理、科技等均囊括其中。

（一）翻译具有社会性

翻译活动之所以存在，或者之所以有必要存在，是因为操不同语言的人之间需要交流。而人与人之间的交流所形成的一种关系必定具有社会性。翻译是在人类社会发展到一定阶段才出现的活动，而且随着人类社会的不断演变而不断发展、丰富。在历史发展的长河中，翻译活动始终是人类各民族、各文化之间交流的一种主要方式。

现代语言学家索绪尔（Saussure）在《普通语言学教程》中强调了语言的社会属性。他在概括语言的特征时明确指出语言"是言语活动的社会部分"[①]，语言是一个关系的系统，社会给予这些关系以意义。

语言像文化一样，是很少自给自足的。交际的需要使说一种语言的人和说邻近语言或文化上占优势的语言的人发生直接或间接的接触，交际可以是友好的或敌对的，可以在平凡的事务和交易关系的层面上进行，也可以是精神价值——艺术、科学的借贷或是交换。以翻译为手段所进行的这种接触、交换或交流的活动，无不打下社会与文化的烙印。

当我们以历史的观点考察翻译活动时，翻译的社会性是不能不考虑的。根据传统的翻译观，翻译往往是一种简单的符码转换，甚至是机械性的操作。而实际上，翻译活动时刻受到社会因素的影响、介入、干预和制约。

---

① 费尔迪南·德·索绪尔.普通语言学教程 [M].高铭凯，译.北京：商务印书馆，2009.

（二）翻译的文化性

语言与文化之间的紧密关系及其之间的相互影响是当今语言学家与文化专家最为关心的问题之一，而翻译活动的文化本质是近几十年来许多翻译学者着力探讨的重要课题。

首先，从翻译的功能看，其本质的作用便是克服语言的障碍，达到使用不同语言的人们之间精神的沟通，而这种精神的沟通，主要是通过文化层面的交流获得的。因此，翻译是人类精神文化中最为重要的活动之一，是促进一个民族、一个国家文化发展的最基本的因素之一，也是最活跃的因素之一。

其次，从翻译的全过程看，翻译活动的进行时刻受到文化语境的影响。有学者对我国五四时期的翻译活动进行了研究，分析了译作语言所经历的文言、白话、"欧化"语言几个转变过程，发现这种变化与当时的文化语境密切相关。也有学者通过对我国译介西方现代派文学语境的分析，生动地揭示了特定时代的文化语境对文学翻译择取和译介方式的制约和影响。

最后，从翻译的实际操作层面看，由于语言与文化的特殊关系，在具体语言的转换中，任何一个译者都不能不考虑文化的因素。文化，究其本质乃是借助符号来传达意义的人类行为，而文化的核心就是意义的创造、交往、理解与解释。

翻译作为以传达意义、沟通理解为基本任务的活动，其文化的本质是可以得到证明的。弗美尔（Vermeer）认为"翻译是一种跨文化的转换"[1]。这一具有结论性的概括目前在翻译界已达成共识。当然，在注意到翻译活动的跨文化特性的同时，也应当注意到跨文化活动中的翻译特性。译者作为一种特殊的中介，从某种意义上说，其主体性是客观存在的。

（三）翻译的符号转换性

语言学理论对翻译研究走向科学与系统起到开拓性的作用。在语言学最新研究成果的指导下，翻译活动的本质、过程可以得到不同程度的揭示。

索绪尔在《普通语言学教程》中说："如果我们能够在各门科学中第一次为

---

① 张全. 全球化语境下的跨文化翻译研究 [M]. 昆明：云南大学出版社，2010.

语言学指定一个地位，那是因为我们已把它归属于符号学。"① 他还说："依我们看来，语言的问题是符号学的问题，我们的全部论证都从这一重要的事实获得意义。要发现语言的真正本质，首先必须知道它跟其他一切同类的符号系统有什么共同点。"② 根据索绪尔的这一观点，我们可以将语言视为一个特殊的符号系统，它与人类的其他符号系统有着一些共同的本质特征。当考察翻译的符号转换性质时，我们对语言的定义是一种符号学的定义，因为这可以帮助我们扩大翻译的视野，也有助于我们理解雅各布森所提出的"语内翻译、语际翻译与符际翻译"的区分依据。

还有学者认为：翻译是一种语言行为，但它在本质上属于符号学的范畴，即研究符号系统、结构、符号过程和符号功能的科学。③ 在以往的翻译研究中，特别是语言学派，对翻译在语言层面的转换最为关注，甚至有学者干脆认为翻译活动完全是一种语言活动，把翻译说成是一种严格地隶属于科学认识范畴，特别是隶属于语言分析范围的活动。在这个意义上，翻译活动体现在符号的转换层面。因此，在符号的转换过程中，有关语言符号或其他符号（如音乐符号、绘画符号、数码符号等）的理论研究便可帮助我们认识并理解实际转换过程中所遇到的障碍和困难。具体到语言转换的问题，有关语言意义、语言结构、语言应用的一些理论，自然可以起到指导翻译活动的作用。

（四）翻译的创造性

20 世纪 50 年代以来，翻译学者在有关理论的指导下，从各种不同的途径对翻译进行了深入的研究，取得了许多成果，其中最为重要的一点便是从翻译的历史作用、语言重构、文化发展等各个方面揭示出翻译具有创造的性质。从翻译的全过程看，无论是理解还是阐释，都是一个参与原文创造的能动过程，而不是一个消极的感应或复制过程。由于语言的转换，原作的语言结构在目的语中必须重建，原作赖以生存的"文化语境"也必须在另一种语言所存在的文化土壤中重新构建，而面对新的文化土壤、新的社会和新的读者，原作又进入一个崭新的接受

① 费尔迪南·德·索绪尔.普通语言学教程 [M].高铭凯，译.北京：商务印书馆，2009.
② 同①。
③ 廖七一.当代英国翻译理论 [M].武汉：湖北教育出版社，2001.

空间。正如德里达所说："翻译在一种新的躯体、新的文化中打开了文本的崭新历史。"[①] 而翻译的创造性充分地体现在翻译过程的各个阶段之中。翻译界流行的"翻译是艺术"之说，强调的正是翻译的创造性。

三、翻译的特点

弄清了翻译的性质以后，接下来初步探讨一下翻译有什么特点。用一句形象的话表述：翻译好比"戴着镣铐跳舞"。对于这一特点，我们可以从两个方面理解。

首先，翻译受其性质所定，它表达的不是自己（译者）的思想，而是别人的观点、看法、经历、情感。因此，译者在此过程中只是个"传音筒"，起着"桥梁"的作用。不管是否赞同原文的观点、提法，译者都应当不折不扣地用译入语文字对等地重新表达。

其次，每种语言都有自己的表达方式和使用习惯。作为译者，译文的选词造句，连词成篇，应当符合译入语语言的特点，同时在意义上又要忠实于原文。如果缺乏对源语与译入语的熟练掌握、广博的知识以及长期的翻译实践经验，则很难做到这点。例如，以下改译较原译则通顺得多：

例句：

That woman was more alive，more sensitive to life，than I was.I was putting the pieces of my life together.

原译：

那个女人浑身充满了灵秀之气，对生命饱含激情，我在把我过去的生活的点点滴滴拼凑起来。

改译：

那个女人对生活充满朝气和感知，比起来，我是在得过且过地混日子。

诚如鲁迅在《且介亭杂文二集·"题未定"草》中所说，"我向来总以为翻译比创作容易，因为至少是无须构想。但到真的一译，就会遇着难关，譬如一个名词或动词，写不出，创作时候可以回避，翻译上却不成，也还得想，一直弄到头

---

① 杨俊峰.翻译的艺术理论与应用 [M].沈阳：沈阳出版社，2006.

昏眼花，好像在脑子里面摸一个急于要开箱子的钥匙，却没有"[①]。这句话，我们认为是对翻译特点的最好说明。

第二节　翻译的过程、标准及分类

一、翻译的过程

（一）理解阶段

正确透彻地理解原文是译文恰当而充分地表达原文的前提。没有理解，翻译就无从说起。

1. 对语言现象的理解

对原文语言现象的理解主要包括对原文词汇含义、句法结构以及习惯用语的理解。

（1）理解词汇含义

英语中的一词多义现象十分常见，而且有些词在原文中的意思不是字面上的意义，而是该词的引申意义。因此，在翻译时要特别注意英语词汇多义性的特征，认真阅读上下文，了解语言环境，从而确定词的真正含义。例如，英语"deep"一词的基本含义是"深的"，但在实际运用中它还有许多其他含义，如 deep in study（专心学习）、a deep voice（低沉的嗓音）、deep red（鲜红色）、deep sleep（酣睡）、a deep thinker（思想家）等。在翻译时，我们要注意该词的多义性并作出准确的翻译。再来看具体的例句。

例句：

I hate to see a story about a bank swindler who has jiggered the books to his own advantage because I trust banks.

译文：

因为我信任银行，所以我讨厌看到银行诈骗犯篡改账目、损人利己的报道。

---

① 鲁迅. 且介亭杂文二集 [M]. 南昌：江西教育出版社，2019.

在翻译原句时，根据上下文不能将原句中的"story"译为"故事"，而应理解为"新闻报道"之意；不能将原句中的"books"译为"书本"，而应理解为"账目"的意思。

（2）理解句法结构

由于英汉两种语言属于不同的语系，英语属于印欧语系，汉语则属于汉藏语系，因此两种语言的句法结构自然存在很大的差异。在翻译时，译者需要对句法结构进行分析并正确理解，这样才能忠实地传达原文的意思。

例句：

She moves a hand back and forth on a slat of the seat she is seating on, her fingers caressing the smooth timber, the texture different where the paint has worn away.

译文：

她用手在座椅的一条横木上来回摩挲着，手指爱抚着光滑的木头，油漆磨掉的地方木料的质感不同。

在对原文进行翻译时，要对句子的结构有一个正确的理解。原文是一个较长的复合句，全句由一个主句和两个独立结构组成。其中，主句中又包含一个定语从句。主句传递主要信息，第一个独立结构与主句意义上有隶属关系表伴随动作，第二个独立结构还带一个状语从句，并且在形式上与第一个独立结构并列，但意义上隶属于第一个独立结构。

（3）理解习惯用语

经过长时间的使用，英语和汉语中都产生了很多习惯表达方式或习语。虽然这两种语言中有一些习语的表达形式和意义是相似的，但是也有很多习语在形式和意义上是不相同的。因此，在翻译时我们就要对英汉语中的习惯用语有所了解，准确理解习惯用语的意义，提高翻译质量。

例句：

Ruth was upsetting the other children, so I showed her the door.

译文：

鲁丝一直在烦扰别的孩子，我就把她撵了出去。

原文中"showed her the door"的含义是"下逐客令，把她撵走"，而不能简单地理解为"把门指给她看"。

2. 对逻辑关系的理解

实际上，我们可以把翻译视为一种语言逻辑活动，它贯穿于翻译的全过程。翻译要做到准确、通顺与形象再现，都离不开逻辑。理解原文需要运用逻辑分析，同时语言的表达也要符合逻辑。如果一种表达仅仅在语法形式上是正确的，但不符合逻辑，那么该表达就毫无意义。

例句：

We realized that they must have become unduly frightened by the rising flood, for their house, which had sound foundations, would have stood stoutly even if it had been almost submerged.

原译：

我们想他们一定被上涨的洪水吓坏了，因为他们的房子基础坚实，即使快被水淹没了，也会屹立不倒的。

改译：

我们认为，他们对上涨的洪水过于担忧，因为他们的房子地基坚固，即使差不多被洪水淹没，也不会倒塌。

原译在逻辑上是错误的。原译说"我们想他们一定被上涨的洪水吓坏了"，但句子后半部分提出的是相反的论据——"我们认为他没有理由害怕"。可见，原译文没有准确理解"unduly"的词义，该词指的是"不必要的担心"。

3. 对文化背景知识的理解

翻译是不同文化间的移植，是把一种语言转化为另一种语言的行为，是两种文化的交流。翻译时要充分考虑目的语文化和源语文化的差异，准确地捕捉到源语中的文化信息，对两种文化之间的转换进行巧妙处理，尽量将原文的信息忠实、准确地传达出来。

（二）表达阶段

表达阶段是翻译的第二步，是实现由源语到目的语信息转换的关键。在表达阶段，译者要了解源语和目的语在表达方式和文化上的差异，以使译文忠于原文，且符合译入语的表达习惯。此外，译文还要恰当地再现原文的风格。在表达阶段，译者需要注意以下几个方面的内容：

1. 译文措辞的准确

一般情况下，英语中的一些常用词往往有很多释义。在翻译的表达阶段，译者必须充分利用上下文信息，确定英语和汉语的词汇在语义上的对应关系，不仅要理解词语的字面意义，还要把握其内含意义，以此来进行正确的选词用字，从而使译文措辞更加准确。

例句：

In the family of Karl Marks，Lincoln was much loved and respected.

译文：

卡尔·马克思一家人对林肯非常尊敬和爱戴。

如果将原文中的"in the family of Karl Marks"译成"在卡尔·马克思家中"，读者读起来就有一种"林肯到过卡尔·马克思家"的错误感觉。

2. 译文的自然流畅

在长期的语言使用过程中，每一种语言都形成了一套约定俗成的被大家共同接受的表达习惯。在翻译时，译文要符合目的语的表达习惯，使译文语言自然流畅。否则，译文就会显得生硬、别扭。

例句：

The idea that the life cut short is unfulfilled is illogical because lives are measured by impressions they leave on the world and by their intensity and virtue。

原译：

被削短的生命就是一事无成的观点是不合逻辑的，因为人生的价值是由它们留给世界的印象和它们的强度及美德度量的。

改译：

"生命短暂即不圆满"，这种观点荒谬无理。生命的价值在其影响、在其勃发、在其立德于世。

原译拘泥于英语原文结构，译文生硬牵强、不自然。改译后突出了句子的两层含义，断句合理，句子结构脉络清楚，行文符合汉语表达习惯，译文自然流畅。

3. 译文的衔接与连贯

"衔接"是运用适当的语句形式进行"连接"，是语篇特征非常重要的方面。

一篇译文行文是否清晰流畅，关键在于衔接。由于英汉思维模式存在很大差异，因此两种语言的语篇衔接方式也不同。英语重形合，注重表层语言结构成分的前后照应；汉语则重意合，多注重句子成分之间的逻辑关系。因此，在表达阶段，译者应加强语篇衔接意识，对语篇的意义要从整体上进行把握，以准确理解语篇的信息，并在此基础上对源语的衔接方式做必要的调整，使之符合译语的衔接规范，从而达到使译文语篇上的衔接和连贯的目的。

例句：

Writers can not bear the fact that poet John Keats died at 26, and only half playfully judge their own lives as failures when they pass that year.

原译：

作家们无法忍受这一事实：约翰·济慈 26 岁就死了，于是就几乎半开玩笑地评判他们自己的一生是个失败，这时，他们才刚刚过了这一年。

改译：

诗人约翰·济慈仅 26 岁便与世长辞了，作家们对此深感遗憾。他们过了 26 岁之后，便会不无戏谑地叹息自己一生无所作为。

原译文忽视了英语重形合和汉语重意合的语言特征，只是机械地仿照原文进行翻译，结构松散、缺乏连贯性，也没有清楚地把原文的意思表达出来。

4. 译文与原文风格的一致

有学者认为，翻译就是要在目的语中重构源语，达到语言信息的自然对等，这种自然对等首先是在意义方面，其次是在风格方面。因此，在翻译的表达阶段，译者应努力使译文风格与原文保持一致。[①]

例句：

The sun is warm now, the water of the river undisturbed.

原译：

暖洋洋的阳光下，河中的水静静地淌着。

改译：

阳光正暖，江面水波不兴。

---

① 翁治清. 英汉对比翻译研究 [M]. 北京：中国书籍出版社，2016.

原文的语言风格十分简约。原译虽然表达了原句的意思，但因用词较多，没有忠实地再现原文的语言风格。改译后的译文用词朴实，字数、结构与原文基本吻合，做到了与原文的风格保持一致。

值得一提的是，表达过程中还应注意避免两个倾向：过载翻译（over-translation）和欠额翻译（under-translation）。过载翻译是指译文承载的信息量大于原文的信息量，译文过分表达，以致夸大原文信息或使译文含有原文中没有的信息；欠额翻译是指译文承载的信息量小于原文的信息量，译文疏漏或删减原文应有的信息。

例句：

In front of the window was a skinny boy around nine years old，his nose pressed against the glass.He just stood there，fixed on those trains.

译文：

在橱窗前，一个大约九岁光景、骨瘦如柴的男孩儿，鼻子紧贴玻璃，一动不动地站在那里，目不转睛地注视着那两列火车。

上述译文将原文中的"skinny"译为"骨瘦如柴"过于夸张，是过载翻译，应改译为"瘦小"。

翻译腔也称为"翻译症""翻译体"，是指译文对原文亦步亦趋，拘泥于原文的文法特点和词义，致使译文不通顺、不自然。

例句：

To appease their thirst its readers drank deeper than before，until they were seized with a kind of delirium.

原译：

为了解渴，读者比以前越饮越深，直到陷入了昏迷状态。

改译：

读者为了满足自己的欲望，越读越想读，直到进入如痴如醉的状态。

原译没有准确理解原文要表达的内容，生硬、机械地照搬原文形式，过分强调词典释义，造成了翻译腔，读者也很难理解原译文的意思。

总之，理解不准确以及表达不恰当是造成翻译腔的主要原因。在翻译中要克服"翻译腔"，译者需要注意以下三个方面的问题：

第一，译者要对原文进行仔细研读，在充分理解原文的基础上再着手翻译，摆脱原文表达形式的束缚。

第二，译者要努力学习英语和汉语知识，以提高表达能力，注意培养逻辑思维能力，多积累知识。

第三，译者还要掌握英汉两种语言多方面的差异，如词汇、语法、句子结构及思维方式等的差异，在翻译时灵活运用翻译方法和技巧，用符合汉语习惯的方式流畅自如地传达出原文的意思。

（三）校改阶段

校改阶段是翻译的最后一个阶段。译文不论翻译得多好，都难免会有疏忽和错漏的地方，因此，需要认真校改加以补正。美国语言学家奈达认为审校可采取书面完形填空、口头完形填空、高声朗读、默读后讲解所读内容等方法，以核对译文是否做到了动态对等或功能对等。①

校改主要有两个目的：一是检查译文是否准确，二是检查译文是否自然、简练。概括起来，校改时应注意以下几个方面：校正错误的标点符号，校正译文中误译或欠妥的翻译单位，核对人名、地名、数字和方位等是否有错漏，核对译文的段落、句子、词、词组、惯用法等有无错漏，查看译文的逻辑关系是否清晰，查看译文的风格是否与原文的风格一致，查看译文是否符合目的语的表达习惯。

校改是理解和表达的进一步深化，通过校改可以进一步核实原文，深入推敲译文。一般来讲，译文要校改二至三遍。第一遍主要是校核内容。第二遍注重文字的润色。第三遍则要把重点转移到译文的整体上，看其语体是否一致，行文是否流畅协调。

二、翻译的标准

翻译标准是指在翻译过程中译者需要遵守的原则，是对翻译实践和译文的评价尺度。翻译标准的确定，对于翻译工作有着积极的指导意义。精准翻译的前提

---

① 翁治清. 英汉对比翻译研究 [M]. 北京：中国书籍出版社，2016.

是解读，只有正确的解读才能带来正确的翻译。对于翻译内容（如口语表达、书面作品等），只要本人将其表达出来，便脱离了本人的控制，需要译者进行解读和分析，再传达给读者。在一定意义上，只要翻译前后的语义没有发生变化，便可以被认为是正确的。但是，译者自身对于翻译内容的解读还是有可能会带来歧义，如何结合原内容的语境，将翻译后的不正确和歧义进行消除，才是优秀的翻译过程。本书将翻译的标准分为四种，并结合笔译谈谈具体的标准和细节。

（一）语言标准

语言标准即译者需要按照原内容的语言系统进行解读，解读结果需要顺畅，没有逻辑混乱等问题，然后按照译语的语言系统进行重新组织，构建出译文或者译语。以《再别康桥》英汉翻译为例，我们可以发现，虽然这首诗中的汉语与当前普通话区别不大，但是其"那榆阴下的一潭，不是清泉，是天上虹，揉碎在浮藻间，沉淀着彩虹似的梦"一句在翻译过程中出现了各种版本。

例如：

A rainbow it seems/Shattered among the rushes/Steeped in a rainbow dream.（他仿佛一道彩虹，在灯芯草间被击碎，沉浸在一个彩虹梦中。）

再如：

A rainbow in heaven /Twisted into floating weeds/Precipitating rainbow dreams.（天上虹，在漂浮的杂草中扭曲，正使彩虹梦沉降。）

各类翻译方法不尽相同，我们该如何判断翻译的解读是否正确呢？概括而言，对于一种语言的句型句式判断，甚至对于某一词汇性质的判断都严重影响着最终的翻译结果。

不同语言体系之间有不同的情感表达形式，在翻译过程中如何表达好这些词汇组合间透露出来的情感风格是评价翻译质量和水平的关键。作为一名译者，要想能够切实表现出原语言的精髓，除了对语言的理论知识要有深入的了解，还应当对源语言环境下的文化背景有深入的了解，对中文和英文这两种语言体系下的文化背景都有着切身的体会，这样才能够找到二者间的共同点和神似点。在这种情况下，翻译中的形似反而成了不怎么重要的内容。

除此之外，在翻译过程中还应当注意不同文化背景下人们对语言的审美趣味，以我国古诗词为例，在翻译过程中往往会出现较多的问题。译者不同的理解往往造就了不同的翻译版本。例如，"君不见，黄河之水天上来，奔流到海不复回"在翻译过程中，就出现过不同的翻译版本。比如，直译"You see, the water of the Yellow River comes up and rushing to the sea"，很明显，直译不管是在意思还是意境上相较于原文来讲都有很大的差异，这对于各文化背景下的读者来说，有很大一部分的审美趣味消失了。

（二）真值标准

真值标准，指译文语篇是否能够反映出原文对于所描绘事物的真实性，以将其作为标准衡量文章内容的正误。也就是说，如果原文为真，译文必须有同样的真实性质。由于在英汉翻译过程中社会环境和文化背景有差异，因此很容易导致词语之间的不准确。例如，《再别康桥》一文中的"浮藻"，其应当是 duck weeds（浮萍），不应该是 floating weeds（漂浮杂草），也不应是 rushes（灯芯草）。虽然漂浮的草有很多的表达方式，但是在翻译过程中，译者必须了解的是康桥底流动的河水里只能长出浮萍而已，这就是一种真值性。在翻译过程中，我们应当掌握的是重点词汇的翻译，在不同的语言体系中，重点词汇的翻译能够起到画龙点睛的作用，而如果翻译不对，将严重影响整体的翻译质量和翻译水准，导致翻译出现误差，影响读者的阅读。

译者在翻译过程中由于受到社会文化环境的影响，因此在不同时代的翻译版本可能会存在众多区别，这也是目前市面上相同国外作品流传着众多中文译本的原因。因为时代对翻译有限制，所以个人难以超脱时代影响，将译文做到完美无瑕，这就需要后来者不断吸收前人的经验，从而在前人的基础之上达到更完美的翻译成果。

在语法表达和语义表现中，英语句子的内部关系与中文差异较大，英语重视词汇的形态变化和使用连接词来表述更多、更丰富的含义。而在汉语表达上则更多的是利用词语在组合中的变化和脉络结构来表现想要表达的含义。汉语中常常省略掉主语而非谓语，英语中则大多数省略形态上的标记，利用时态变化等手法将动词省略，从而更简洁地表达某些意思。

可见，翻译的真值性就在于对那些重点词汇的转换上，只有真实，与源语内容贴合，表达含义一样，翻译质量才能够更高，使读者能够领会到原作的意蕴和风格。

（三）美学标准

美学标准起初是应用在文学作品当中，当前可以延伸到口译和笔译两大分类之中。在翻译过程中，不管是口译还是笔译，翻译之后都需要条理清晰、意思正确，对于那些非应用型的翻译内容来讲，翻译过程中情绪的转移是翻译工作的一个重难点。在翻译过程中如何保留原内容语言文字的意境和情绪是关系到翻译质量和翻译水平的重点因素。

不同的译者对相同的源语内容有着不同的理解，在审美表现上掺杂了不少的主观因素，并且在译者自身素质和文化底蕴差距较大时，翻译的最终成果也会出现较大的差距。因此，美学标准无疑对译者提出了更高的要求。尤其在诗歌、小说等文学作品的翻译过程中，美学标准的差距会被放大，使不同翻译版本出现较大的差异。以戏剧家莎士比亚所著文学作品为例，国内一般以现当代文学家梁实秋翻译的版本为佳，在梁实秋之前也有不少翻译家进行过翻译，但是受到时代影响和个人能力的限制，导致翻译出来的版本或者生硬或者不合时宜，影响了读者的阅读体验。在翻译过程中，译者需要对作品本身的上下文进行深思熟虑，并且熟悉作者的表达风格，这样在翻译过程中才能够更好地表达出同样的语气和风格。

（四）忠实通顺

忠实通顺是目前翻译教学中经常使用的四字标准，不管是在口译还是在笔译中，译者需要忠实于原内容，将原内容完整又准确地表现出来，不能有随意地增删、篡改、歪曲等情况。除此之外，还需要保留原内容的风格，包括粗犷、婉约等语体风格，民族风格和作者的个人风格等，在翻译过程中，应当掌握口语体和笔语体之间的不同特点和翻译要求，由此熟悉并把握不同文化之间的特点和翻译需求。

1. 忠实

忠实就是目的语语言能够以准确的方式传递给受众，其中包括语言的忠实、文化的忠实和风格的忠实，这三者并非独立，而是相互交融，不可分割的，对翻译的整体过程起着重要的作用。

（1）语言忠实

从表面意义上来看，"语言的忠实"就是指源语和目的语之间的关系是对等的，体现在每个语言符号的对等关系上。众所周知，语言符号组成的词汇是理解篇章的基础，也是篇章的基本单位。在篇章翻译过程中，有很大可能发生的一种现象是篇章中的词汇和单独的词汇意义完全不同，是因为会受到篇章中上下文语境的影响。而语境是限制词汇含义的基本要素，要想合理地翻译篇章，做到对源语的语言忠实，就需要译者根据实际情况对词汇的含义进行判断，从而将正确的意思表达出来，不能随意根据字典上的释义进行解释，更不能想当然。

比如，在某篇英译汉短文中出现这样一个词语——"Dry light"。"dry"是最简单、基础的单词之一，意为"干燥的"；"light"也属于常见词汇，意为"光；轻柔的"。那么，这两个单词形成的词组代表着什么意思呢？从网络上我们可以获得的解释是"干光"，很明显这样的汉语解释并没有什么真正的含义，也令人百思不得其解。那么在翻译过程中，对这样的词汇该如何确定呢？这样的词汇在翻译过程中很难吗？实际上，只要手中有一本稍大型的英语词典，即可发现"Dry light"代表的是一种公正的态度、不带偏见的看法。因此，译者在翻译过程中就应当重视原文的语言含义，切不能望文生义，以使译文出现偏差。

对语言的忠实，既表现在语言符号的对等关系上，又表现在语意的对等关系上。当二者之间出现矛盾时，译者应当选择后者，而不是前者。由此可见，在翻译过程中，对单词语意的把握至关重要，还要深入了解篇章上下文对单词语意的限制。在翻译过程中，不能仅仅着眼于字词之间，而是应当领悟全文精髓，融会贯通，在下笔时能够做到行云流水，将原文中的内涵和深意充分地表达出来，这样才是高境界的翻译过程。这就需要译者不仅要熟练掌握源语的语法知识和句子结构，还需要对一些特殊的词语进行了解，如习语、俚语、格言、歇后语等。

在不少的文学作品之中，尤其人物对话间，往往会产生大量具有鲜明文化特色的词汇现象和意象特征。比如，汉语中的"是骡子是马，拉出来遛遛"，在翻译这句话时，如果译为"A mule is a horse，pull out and slip"，会让人笑掉大牙，应当用英语中相似的谚语进行补充和注释，利用增译等手段传达出正确的意思，这样才能够算作真正的忠实。因此，"是骡子是马，拉出来遛遛"在英文翻译上，与"Actions speak louder than words"（事实胜于雄辩）类似，能够更好地将谚语的意思表达出来。

（2）文化忠实

语言是文化的一部分，甚至可以说没有语言就没有文化。对于翻译同样如此，如果在翻译过程中不知道源语的文化背景，就很容易闹出笑话。比如，对于汉语来说，"嫁鸡随鸡，嫁狗随狗"中的鸡和狗代表着一种和其原本意思不同的更深含义。再比如，在某些地方说的"驴脾气"，这些文字在翻译过程中如果不知道文化背景，很容易闹出笑话。反过来也是一样，如果在英文翻译过程中没有对英语背景进行深入透彻的了解，那么往往会导致在文化上出现不忠不实的翻译问题。比如，"Every life has its roses and thorns（生活永远是幸福与痛苦并存）"，这句话中的单词不难理解，也有很多人认识。"roses"是玫瑰，"thorns"是荆棘。这句话中的这两个单词，并不仅仅代表了字面意思——玫瑰花和荆棘刺，而是承载了其民族的文化内涵。在西方，玫瑰往往代表了甜蜜幸福的生活，而荆棘则是指所受的苦难和困难遭遇，在翻译过程中应当注重这些文化背景的深刻内涵。然而有的文化内涵，属于源语历史中逐渐形成的一种约定俗成的因素，这样难以理解的语言，如何保证语言翻译过程中的忠实呢？需要前文中那样的语言符号对应关系吗？很显然，这样会导致读者在理解上出现问题，还可能导致原作韵味的消失。

当前的翻译理论普遍认为，在翻译过程中除了要对原作忠实，还需要对译作的读者忠实。在文化差异的背景下，要想读者能够更好地理解原作的内涵，达到接近于阅读原作的体验和反应，需要解释得更透彻，翻译得更灵活。比如，"It's raining cats and dogs（外面正是暴雨倾盆）"，根据研究显示，这一短语早在17世纪便已经出现了，但是其原因和发展难以得到确切的证实。而联系17世纪的历史可以发现，也许此固定短语（rain cats and dogs）的出现与当时的地下排水系统有关。当时正处于城市迅速发展的阶段，但是城市地下排水系统则十分简单，缺乏科学合理的设计，排水能力十分有限。于是每逢暴雨天气，地下排水系统的沟渠之中便溢出污水，导致各种垃圾被冲出，城市肮脏不堪。其中，也许经常有死猫和死狗随着污水一同出现在大街上。这使得人们将暴雨天气和猫狗联系到了一起，从而形成了"rain cats and dogs"这一短语。因此，"rain cats and dogs"并非天上掉下猫狗，而是指倾盆大雨时地下排水出现了问题，导致死猫死狗随污水漂浮。现在，在暴雨天显然不能看到猫狗漂浮这一现象，但是短语代表的倾盆大雨的含义被流传下来，广为使用。由此可见，该短语和汉语中的成语一样，成了固定用法。如果译者在翻译过程中对这一短语知识缺乏积累，那么往往就会在翻译时出现问题，导致读者一头雾水。

当然，在语际翻译过程中，文化差异下的翻译永远是相对的，不可能不存在文化间的翻译障碍，这就要求译者在翻译过程中能够对两种文化背景都有一定的了解，对频繁使用的固定短语、谚语、俗语进行学习，融会贯通，在翻译成目的语的过程中，找到能够替代源语中文化现象的词汇，这也是按照"忠实"的标准进行的翻译。还有一些寒暄语、委婉语由于文化的差异依旧不能直接按照字面意思进行翻译，而是要使其"本土化"，为读者无障碍阅读奠定基础。

（3）风格忠实

风格是反映原作状态和风貌的一种重要体现。在翻译中，风格一般有文体、时代、流派、个人等多种分类。在文体上，如果是应用文等非文学类文体，其格式大多固定，风格缺乏变化，那么在翻译过程中按部就班地使用相应格式进行翻译即可。而其他几种不同的风格分类，在翻译上则需要译者有较好的语言素养，能够把握住原作中的精髓和关键，用适合于原作风格的语言将原作内容和思想进行再现，从而达到翻译的忠实原则。这不仅需要译者拥有良好的语言素养，还需要具备不错的文采水平。对原作风格的忠实翻译，既需要译者的创造性，又需要译者对原作的深刻体会。这是文学风格翻译中的较高境界。对于读者来说，不懂外文使他们对翻译的风格也十分看重，能够体现原文的特色和风格是十分重要的，翻译不能漠视原文特色，而是要最大限度地将这种特色呈现给读者。

2. 通顺

通顺是指不管在源语还是目的语中，读者读起来流畅不拗口，不与已有的语言阅读经验相冲突。英汉之间语言存在语法上的差别，英语有很多定语、状语等后置现象，如果在翻译过程中没有重视顺序调节，使其符合中文阅读顺序和经验，那么就可能会产生不通顺的问题。而通顺地理解原文需要优秀的翻译表达。

对于译者来说，要想做到译文的通顺，需要熟练地掌握母语，这样才能够发挥自己的译语优势，采用恰当的修辞手法，熟练地遣词造句，对译文进行语言上的锤炼，从而使译文变得流畅、贴切。

第一，语言方面的遣词造句要尊重目的语的阅读习惯，以译语的经验和审美来表现原文，不能拗口，不能过于松散或者紧凑，避免出现可能会引起误解的表达方法，不能因为想完整地体现英语中的长句而使汉语句子冗长乏味，变得难以理解，应采取合适的分句和并句方法，将二者之间的转化变得更加自然，能够使读者更加亲切熟悉。在翻译过程中如果出现一些新鲜词语，无法进行通顺的解释或者表达，那么就只能采用引进外来词语的方式进行表述，虽然初始阅读可能会有些不明就里，但是时间一长，读者自然能够熟悉理解，这种现象与通顺也不相违背。比如，一些英语舶来语"汉堡包""可乐""沙发""咖啡"等，这些词语刚进入中国时，在人们的视野中属于新鲜词语，但是随着时间的推移，已经不是阻碍翻译通顺的问题和障碍了。

第二，译文的风格也应当前后通顺，保持一致。上文中提到的对忠实的论述表明译文的风格应当与原作相近，尽可能地保持原作的风格特点。然而由于译者的素质和水平不同，以及个人风格的迥异，往往会使译作带上译者本身的独特风格。而只要没有丢失原作风格，将原作者的表达特色掩盖，那么就无可厚非。但在实际过程中，风格上的通顺更多的是指在面临一种常见情况时必要的准则。比如，多人参加翻译、长篇巨著的分卷多人翻译，这些翻译过程由于参加人员不一，翻译时间较长，其风格往往会受译者的影响而呈现出一种多变状态。如果前后文章风格迥异，会带给读者一种分裂感，直接影响继续阅读的欲望。因此，在翻译过程中，除了要做到内容通顺，还要将整体风格进行润色和修正，确保译作的完整和自然。

第三，有的时候，在原作中可能有这样一种现象，即原作者故意采用一种不合常规的语言表达方式去塑造一个人物形象或者一种风格，因此，在原作中出现了不通顺现象，甚至还有语法不规范、句子不完整等特殊现象，尤其在文学作品中。出现这种特殊情况，译者应当注意辨别，并严格以忠实为基础，以原本情况为根本，不能为了读者的阅读流畅，将特殊的纠结句子改为通顺的句子，这样将大大降低原作带来的趣味和深意，无异于画蛇添足。

三、翻译的分类

"翻译"属于笼统的概念。从广义上来说，翻译包含语言与非语言符号之间的相互转换。关于翻译，本书大多侧重于语言的转化方面，也就是把某种语言行为的言语产物转移到另一种语言行为中。

（一）根据翻译处理方法划分

根据翻译的不同处理方法，翻译的整个活动能够被分成许多不同的类型。按翻译的源语和目的语划分，翻译可以被分为语内翻译、语际翻译和符际翻译。

在一种语言内部，不同的语言变体之间进行的翻译，指的就是语内翻译。例如，把古代汉语翻译成现代汉语、把四川话翻译成普通话、把重庆话翻译成东北话等。

语际翻译则是将本族语（native language）翻译成外族语（foreign language），或者把外族语翻译成本族语。例如，把汉语翻译成英语、把法语翻译成汉语等。

符际翻译是指各种非语言符号间的相互转化。例如，当身处一个陌生的地方，即使不熟悉当地的语言环境，但是只要看到公路上亮了的红绿灯，便可以解读出其中的含义，知道是否可以通行。

（二）根据翻译活动方式划分

根据翻译的活动方式进行划分，翻译可以分为口译（interpretation）、笔译（translation）、机器翻译（machine translation）以及网络翻译（online translation）。其中，口译大多应用于外交会晤、经贸谈判、学术研讨、参观游览等活动。笔译则大多应用于公文往来、商务交流、科学著作与文学翻译等活动。机器翻译就是通过计算机和其他设备进行翻译，其中，人工是次要的，只起辅助作用。网络翻译作为一种新兴、快捷的翻译方法，得益于网络的发展和计算机的普及。

（三）根据翻译材料文体划分

根据翻译材料的文体进行分类，翻译有新闻、科技、应用、文学和论述文体。其中，新闻文体又分成新闻报道和新闻评论等。科技文体包含科学类的著作、科学实验报告、情报资料、设备以及产品说明等。应用文体有广告、通知、契约、合同、公函、私信等类别。文学文体包括小说、诗歌、散文、戏剧等。论述文体包括社会科学方面的著作、政治方面的文献、演说报告等。

此外，全译、节译、摘译、编译是依据翻译活动的处理方式划分的。其中，全译指把原文照搬翻译出来，译者不可以任意增加、删减或者擅自改动，但如果有需要，可以对其进行加注说明或加序评论。节译则是依据文章原来的内容，将原作进行全部或部分节缩并将其翻译出来，但是要保证原文内容的相对完整。摘译是译者依据实际的需要对原文的中心内容和个别章节进行摘取翻译，摘取的内容大多是原文的核心或原作的内容概括。编译是在对原文进行翻译的基础上，译者以译文为材料对其进行编辑和加工。根据译文文字的表达方式分类，可以把翻译分成直译和意译。

第三节　翻译的基本问题与要求

一、翻译的基本问题

（一）直译与意译问题

直译与意译的问题一直是大家争执不下的一个问题。可以说在某些情况下，直译和意译都不能算是翻译问题。例如将"I like the book"译成"我喜欢这本书"就不存在直译和意译的争论。因为在这种情况下，直译与意译是一样的。但是因为英语和汉语之间的不同，译者常常会面临两种选择，就是对一个句子可以选择直译，也可以选择意译。在面对这种情况时，选择直译还是意译就成为人们争论的焦点。不同的人对这两个词的概念理解也不同，有的人认为直译就是逐字进行翻译，有的人认为直译不一定是"逐字"翻译。

总体来说，直译就是按照原文的语言结构进行翻译，意译则是脱离原文的语言结构，只对文字的意思进行翻译。不论是逐字进行翻译，还是直译、意译或解释翻译，它们之间并不存在清楚的界限，但是可以通过直译法和意译法的概念对翻译进行讨论，这是很有用的。

例如："Black people are still living on an isolated island of poverty in the vast ocean of material abundance."

用直译法可以翻译为："黑人依然在物质充裕的汪洋大海中的一个贫困的孤岛上面生活。"

这种方法使用了同原文一样的形象，诸如，"物质充裕的汪洋大海"，它的好处就是保留了原文作者的比喻。但也正是因为没有舍弃比喻，文章在可读性方面较差，翻译后的文章较为别扭，而且将"汪洋大海"和"物质充裕"放在一起不是很协调。但是如果选择意译就可以尽量避免直译带来的弊端，如"黑人依然生活在贫困的孤岛上面，尽管四周一片繁华"。采用这种意译的方法增加了文章的可读性，只是未翻译出原文的比喻意而已。

直译有很明显的缺点，就是会使读者读起来非常吃力，所以，很多人都不主张将直译当作翻译的重要手段，只是偶尔在一些特殊的文本中适时地采用直译法。但也不乏有人将直译置于更高的地位，如翻译理论学家纽马克，他比较认同直译。但是他的这种观点源于自己对印欧语言的翻译实践，对英汉语言的翻译并非适用。尽管直译在英汉语言的翻译领域中有自己的一席之地，但是广大受众很少把直译作为翻译的主要手段。

虽然很多译者都使用意译，但是意译有时候也会出现一些问题。如果使用意译时掌握不好翻译的尺度，就会扭曲原文的意思。一般来说，如果原文的意思不是通过语言形式表达的，则使用意译就不会失去原文章的意思；反之，意译则会忽略掉形式附带的文章的意思。上面的这些说法从理论上看是正确的，但是把它放置于英汉翻译的实践中则可能会行不通。比如，一些文学作品的意义可以通过语言手段进行表达，那么使用直译法才可以反映语言形式所承载的意义。英语和汉语的差别很大，照搬原文的翻译方法也许在印欧语言中可以被接受，但是在英汉语言翻译时，则不被汉语接受。因而，中国学者大多使用意译的方法去翻译文学作品。刘宓庆认为，应该把诗歌之类的文学作品的翻译归于不追求字面之间的对应，只归于寻求文章的可读性这一类中。他和西方的理论学家一样，都主张有些文学作品应该多采用直译的方法，但有些则可多采用意译，这要根据文本来确定。

英汉翻译中有些情况很明显就应该采用直译法，有些应该用意译法。对于这些情况，翻译界一般是没有争议的，直译和意译的确经常交换使用，这两者之间可以互相取长补短。当然，在翻译的实践过程中，有时还可能会碰到既可以直译又可以意译的情形。这个时候选择直译还是意译就成为一个问题。

例如："A person can often be guessed who he is from the friends he associates with and the books he reads.This is due to the existence of friendship between people，as well as friendship between people and books."

这句话如果用直译的方法，可以翻译成："一个人经常可以从与之交往的朋友和所读的书中被猜出他的为人。这是由于人与人之间的友谊，以及书与人之间的友谊。"但是有的翻译存在很多的意译成分，如"所谓欲知其人，先观其友，通过一个人读的书也可以对这个人有所了解，因为人不仅可以和人成为朋友，也能和书成为朋友"。虽然这两句话的很多地方有待推敲，但是对汉语读者来说都是可以接受的。这就会引出一个问题，如果这两种方法都可以，那到底选择哪一种呢？要想回答这个问题就需要立足于更大的范围，孤立地谈选择直译还是意译，事实上并没有太大的价值。对直译或意译的选择，通常要考虑文本、读者以及翻译的目的等因素，没有什么是一成不变的。我们要牢记一点，现代的英汉翻译活动主体并不是单纯的文学翻译。语言形式在经济文学、科学研究、新闻政论等文本中并不是关键的因素，所以，在译文中就要尽量保持译入语的特点。

（二）功能与形式问题

事实上，早有人提出过功能的对等和形式的对应。功能对等指的就是翻译的文章在语言功能上能够实现和原文的对等，而非在语言的形式上和原文对等。形式上的对应是机械的，虽然表面上和原文一样，但是由于语言系统的不同，因此语言形式相同不一定能起到一样的效果。例如，"He is the last person I will ask for help"，可以把它翻译成"他是最后一个我要求助的人"，从而实现形式上和原文的对应，但是这句话的实际意思是"我是不会求他的"。第二种翻译方法在语言形式上和原句完全不同，但是在语言的功能上做到了和原句的对等。

在功能对等理论的众多优点中，最突出的便是有利于信息交流。用功能对等法翻译出来的文章要与译入语的行文习惯相符合，没有翻译腔，让人一看就明白。但是不赞同使用功能对等法的人认为，功能对等太过于灵活，会导致遗漏或歪曲原文的意思。虽然在概念上功能的对等与意译、形式的对应和直译不一样，但是它们从不同的概念出发，引出了跨语言交际中存在的问题。

（三）原文内容与形式问题

文学批评领域中的焦点就是翻译的内容与形式之间的争论，这种争论在跨语言交流中尤为突出。原文的语言形式在大多时候都不是译者要传译的，英语和汉语这两种语言在语言形式上截然不同，在翻译时不需要反映原文的形式，只需要把原文的意思表达出来。但是语言形式能够反映作者的艺术特征，这时候语言形式就变得尤其重要了，我们就有必要在反映内容的同时注意到语言形式。但是在翻译的过程中，过分强调形式的翻译方法常常会导致翻译的文章缺乏可读性。所以，即使在特殊的情况下，需要将原文中具有特殊含义的形式反映在翻译的文章中，但是在翻译过程中仍应该侧重于内容。

（四）源语与译入语问题

源语和译入语这对概念与上述几对和言语行为有关的概念不同，主要涉及语言的体系。有人认为翻译的文章要尽量接近原文，语言是对文化的反映，因此，必须将原文的语言表达特色表现在译文中，因为原文的语言特色是对原文文化特色的反映，译者有必要介绍作者的这种特色。他们还提出，过多地为读者着想会"宠"坏读者。他们认为，应该要相信译文的读者有对原文语言形式进行解读的能力，接近原文的翻译方法有利于将读者带入源语之中，使读者在品读外国作品时能够产生"身临其境"的感觉，这是文化之间交流的重要内容。

事实上，这种观点是将更多的责任寄于翻译，但需要注意的是不应该把语言的形式当成文化介绍的工具。除某种特殊目的，如通过使用接近源语的翻译方法来更好地反映原文所表达出的文化特点，使其为学术研究所用，很多时候译者还是应该把传达信息作为主要的任务。对源语文化的介绍不应该以牺牲译入语的表达习惯为代价，因为接近源语的翻译方法经常会衍生出许多不同于译入语习惯的句子，要想通过语言真正了解外国文化，就必须鼓励读者学习外语、阅读原文。由此可知，向译入语靠拢是翻译的基本方法，我们要尽可能地发挥译入语的优势。

（五）原文作者与读者的理解问题

原文作者和读者这一概念从不同角度探讨了之前提到的相同问题。如果把原作者当作译文的中心，就可能会对原作品的行文特色有一些反映；如果把读者作为中心，就可能会发挥一些译入语的优势。从原则上来说，虽然不应该把原作者当作中心，但是这得看原作者是不是重要。就像一个记录会议的作者与一个获奖文学作品的作者，不能认为这两者同等重要。大多数文本作者都应该隐藏在文本的背后，而不是显露在文本中。例如，一个家用电器的使用说明、一篇政府公文、一则招商广告等都不会显露出原作者的"影子"，即在看完这些文本之后，我们也无从得知作者是谁。但是有的文本有可能会"文如其人"，当阅读这部作品时，阅读者马上便会感受到它的与众不同，不管是遣词造句，还是谋篇布局，都会留下原作者的痕迹。由此，大家认为，如果看到的文章文如其人，那么译者不仅要翻译原文的内容，也要使译文能够文如其人。

大多数西方翻译学者认为，使译文文如其人的方法就是在译文中保留原文的语言形式。但也有人认为，译文中与原文相对等的语言形式不一定能够起到和原文一样的效果，于是主张通过与译入语相似的语言形式达到文如其人的效果。如果不能做到，就把它归入翻译的不可译性中。我们不排除以原作者为中心是译者所应采取的方法，但是这种方法所占的比例是非常小的。以读者为中心是翻译的总原则，这一点在英汉的翻译中尤其突出。

（六）原文作者和译者之间的关系问题

人们一般都是有目的地动笔写作，不管是原作者还是译文作者。一般情况下，原作者与译文作者的目的是一致的。例如，把电脑的操作过程用英语写出来的目的是使顾客知道怎样使用电脑，对此进行翻译的作者同样是为了让不理解原文的顾客了解到怎样操作电脑，所以，原作者和译文作者的目的是一样的，都是把信息准确无误地传递给读者。因此，大多数翻译工作的目的与原文写作的目的一样，都有一个特性，都有一个很实用的目的。但并不是所有翻译的目的都和原文章的目的相同。例如，诗人写一首英语诗的目的可能是表达自己的情感，译者把诗直接翻译为汉语，以便于进行英汉语言的对比，这样译者的目的就和原作者的目的不一样了。

因为译者的目的与服务对象和原文作者的目的与服务对象不一样，所以相同的一篇文章有几个不尽相同的译文是很正常的。有时为了满足不同读者群的需要，译者就要使用不同的文体对同一篇文章进行翻译。译者的服务对象、目的不同，翻译的文章也可以有不同风格。

当然，也有人不认同以上观点，他们认为原作品只有一个，那么译文也必须只有一个，而不是千面千腔，在翻译的文章中找不到原作品的影子。但是，翻译毕竟具有局限性，许多有深厚文化内涵的作品一经完成，就很难一直保持它原有的样子。时过境迁，作品还在，但是作品存在的环境发生了改变。同一种语言文化都是这样，更何况跨语言文化之间的翻译。因此，翻译具有很强文化内涵的作品都会存在侧重，毕竟译者的服务对象不同，翻译目的也不尽相同。

根据以上对概念的分析，"原文的意思在译文中表达出来"这一观点，我们就有了理性的认识。所有的概念从各个角度切入，探讨了翻译的核心问题。虽然是不同的角度，但最终都会落到同一个焦点上，也就是怎样在译文中表达出原文的意思。对这些基本概念的了解有助于我们更清楚地认识各种各样的翻译标准和原则。这些翻译标准和原则是不同的人从不同角度，于不同的时空中，对同一问题的解决方法。它们一方面反映了标准的设立者在翻译研究上的聪明才智，另一方面反映了人们在翻译研究中左右为难的困境。不同的人有不同的观点，按照一些翻译理论进行翻译实践，翻译出来的文章就存在原文的影子，但是按照另一些翻译理论从事翻译实践，翻译出的文章完全就像译入语。原文的影子在翻译的文章中可以深，可以浅，也可以没有。有的人认为，要在译文中留有一些"异国情调"，有的人则主张要使用地道的译入语。这之间如何把握，不仅需要在理论上进行研究，在实践中也需要倾注大量的精力。

二、翻译的要求

要成为一名合格的译者，必须满足一定的要求和条件。这就要求译者努力做到以下五个方面：

第一，提高汉语修养。打好汉语基础，外语水平才能提高。提高汉语水平，主要包含两个方面的能力：汉语的理解能力和表达能力。汉译英时，如果对一些特殊的汉语文体和语篇出现理解上的偏差，或是在语篇的语调和感情色彩方面把握得不够准确，将会影响译文的正确性。

第二，有扎实的外语功底。翻译工作对外语水平的要求同样也很高，必须具备语言理解能力和语言表达能力。译者必须掌握语法知识和大量的词汇、成语、谚语、歇后语、俚语等，熟悉和掌握有关词法（例如词语的搭配、惯用语的表达、俚俗语的使用等）、句法（例如句型结构、不同句型的表达功能、句型结构与文体风格等）、语篇（例如语篇结构特征、语篇的功能、语篇的风格等），以及不同语篇类型等方面的知识，同时还要能够在实践中灵活地、熟练地运用这些语法手段和修辞技巧。只有这样，才能达到较理想的表现方式。

第三，掌握各方面的知识。即使具备了扎实的汉语和外语语言素质，仍不能说具备了合格的翻译资格。"杂学"决定了译者在提高语言水平之外，还必须努力博览群书，如政治、文化教育、文学艺术、金融、商业贸易、工农业、旅游业、大数据、信息技术、互联网等，不断积累多种知识，扩大视野，提高自己的文化知识素养。

第四，学习和掌握一定的翻译理论知识。翻译理论是前人翻译经验的总结，了解和掌握一定的理论有助于译者加强对翻译活动的理性认识，提高对翻译作品分析的敏感度，并在翻译过程中有意识地采用适当的翻译策略和方法，运用恰当的翻译技巧，从而少走弯路，达到最佳的效果。

第五，在翻译过程中，树立严肃认真的态度。翻译过程中的焦虑和艰辛要求译者有刻苦的精神和认真的态度，脚踏实地、勤学苦练、反复推敲，才能译出好的译文。如果在翻译中偷懒，不愿勤查字典，不愿深究问题，望文生义、避生就熟、随意删减，就可能会闹出笑话，甚至导致严重的翻译错误。

第四节　翻译的方法与技巧

　　翻译是沟通两种语言的桥梁，其功能在于将源语表达的信息用译入语重新表达出来。由于两种语言的表达方式和习惯不同，因此为使表达符合译入语习惯，信息在由源语向译入语的转换过程中，就必须在语言层面上作出必要的调整和改变。这种涉及语际之间的调整和改变的具体方法就是翻译方法或技巧。

一、关联词翻译方法与技巧

　　语言是思维的工具，人们通过词与句子按一定的模式进行思维。中国人注重综合思维，西方人注重分析思维，这体现在语言特点上，即英语必须用明显的语法结构来表达现象，强调词的形态。而汉语注重整体性，汉语的条理隐含在句意中。

　　例如：In the same spirit，we must remain steadfast in our commitment to APEC's founding mission.We must respond to the calls of our times responsibly and meet global challenges together.We must fully deliver on the Putrajaya Vision of building an open，dynamic，resilient and peaceful Asia-Pacific community for the prosperity of all our people and future generations.（我们应该秉持亚太合作初心，负责任地回应时代呼唤，携手应对全球性挑战，全面落实布特拉加亚愿景，建设开放、活力、强韧、和平的亚太共同体，实现亚太人民和子孙后代的共同繁荣。）

　　该例句由 6 个小句组成，无关联词连接，译为英文后，原句被拆分为一个简单句和两个复合句，并且多了关系连接词 "and"，这符合汉语重意合、英语重形合的特点。英汉互译时，要时刻考虑英汉两种语言的差异，如果是英译中，那么英文原文中的一些弱连接词，如 "and" "or" "when" 等，可以不译。如果是中译英，那么根据句意与选用的句式结构，增加关联词是很有必要的。例如，在文件翻译时，由于中文经常出现小短句，没有很明确的主语，而且常常一大段只有一个句号，这时，译者要仔细分析每个短句的内在联系，进行句子重组，为了让整体看上去更有关联性，句子联系更加紧密，可以增加关联词语。

二、巧用"增词""减词"技巧

英汉两种语言存在较大的差异，英语偏重句式结构的完整严谨，其语言本身的特性也决定了英语句子更加注重逻辑性，形合是其特点。汉语的特点是意合，偏重表达完整的语义，而语义隐含在句子中，不靠逻辑连接词等表达出来，译者不可随意增删原文的内容。由于英汉两种语言具有差异，因此英语中没有的范畴词在汉译时需要增加，汉语中不常用到的连接词在汉译时可根据句意删除。类似的增删技巧普遍存在于英汉互译中。

（一）增减"范畴词"

汉语里有一些抽象的名词，如问题、状态、情况、发展、工作等，在一些语境下，这些词并没有实质的意义，汉译英时需要删减，而英译汉时，为了符合汉语的行文结构，最好增补相关范畴词。

例如：Scientists and environmentalists are concerned about global warming.（科学家与环保人士担心全球变暖的问题。）

该句中的汉语"问题"一词为没有实质意义的"范畴词"，译为英文后是可以删减的，因为并不改变句意。

再如：They deliver dignity，boost school attendance-particularly for girls，and enhance health and nutrition by preventing the spread of disease.（它们带来尊严，提高入学率，特别是女童入学率，并通过防止疾病传播增进健康和营养。）

该句中"率"在汉语句子中使用，可以使文章语义饱满，阐释清晰，译为英文后，字对字地译出就会冗长，不符合英文的表达，故译为英文后需要删除这些范畴词。

又如：It has scientifically answered a series of directional，global and strategic questions，and it is a summary and distillation of the successful experience of the CPC in leading the people to govern，stabilize and develop Xizang，as well as an innovative development.（科学回答了一系列方向性、全局性、战略性问题，是中国共产党领导人民治藏、稳藏、兴藏成功经验的总结提炼和创新发展。）

本句英译中主要采用的翻译技巧是减少"范畴词"。原文分别用了"方向性""全局性""战略性"三个词语形容中国共产党工作的正确性，在译为英文后，为了符合目的语的用语习惯，省略了"性"这个词的译文，直接将其译为"directional""global""strategic"三个词语。

（二）增减对象词

汉英在句式结构、表达方式以及文化背景方面存在差异，有时英文可以用简短的话语表达中心思想，而译为中文则需要增加内容，这样才能让目的语读者读懂。当然，汉译英也有很多这样的情况。

例如：The first day was crossed out，and the last thought which went through my mind at the end of this important day was：After all I do not belong here，I am just loaned.（第一天已经从日历上划去了，在这个重要的日子即将结束的时候，我的脑海里浮现出来的想法就是：毕竟，我不属于这里，我只是别人雇佣来的。）

英文原句中的"第一天"是从日历上划去的，译为中文后，增加"日历上"一词，使整个句意更加饱满，避免了目的语读者对"第一天已经划去"产生迷惑或误解。

（三）增减评论性词

增减评论性词这一技巧经常用于文学翻译中，非文学翻译中较少见，目的是符合每一种语言表达情感的方式，进而让目的语读者与源语读者有相同的感受。

例如：He wished that he had asked her to dance，and that he knew her name.（他多么希望自己当时请她跳了舞，现在还知道了她的芳名，那该有多好啊！）

该句选自《德伯家的苔丝》，仔细分析原文了解故事背景后得知，本句是在讲三个兄弟中的老二第一次看见苔丝，并没有和苔丝跳舞就走了，走到山上的时候回头了，看见苔丝站在舞场的边上看着他，有感而发，说了这样一句话。故英译汉后，为了让目的语读者与作者有和源语读者一样的共鸣，可以增加"那该多好啊"，表现当时人物后悔的心情。

三、"变词为句"方法技巧

"变词为句"是译者在进行英汉翻译时常使用的翻译技巧。英语句子通过连接词达意，一般都比较长，尤其是人们常说的长难句，更是如此。汉语虽然没有很多的关联词，但每句话的含义隐含在句子间，逻辑分明。英语善用静态词，而中文善用动态词。英汉互译时，通常将原文中的非句子结构以句子的形式翻译出来。

例如：I have unforgivably, in a stealthy manner, peeped at her correspondence.（我偷偷摸摸地看她的信，这实在是难以宽恕的行为。）

本句是副词的汉译，译者采用了变词为句的方法。英语原文中"unforgivably"这一副词原意为"无法原谅地"，如若生硬地翻译成"我无法原谅地偷偷摸摸看她的信"，就会让目的语读者费解，不知所云。故将其译为句子"这实在是难以宽恕的行为"，这样的译文读起来朗朗上口，符合汉语的表达方式。

再如：They showed us a terrifying film about flash-flooding.（他们给我们演过一场顷刻暴雨成灾的电影，情景非常可怕。）

本句是形容词的汉译，译者采用了变词为句的方法，将"terrifying"一词译为"情景非常可怕"。

四、句式结构重组技巧

有学者从四个方面比较了汉语和英语的基本语序规律：时序律，范围律，主客律与表里律，因果律。因此，在进行英汉翻译时，有必要调整语序。

例如：It holds special significance that APEC eco-nomic leaders meet for the 30th time.（这是亚太经合组织领导人第三十次聚首，具有特殊重要意义。）

本句汉译英，"具有特殊重要意义"是评论性句子，中文一般先陈述事实再评论，而英文一般先评论后事实，所以，汉译英后，评论性句子提前，符合英文的语序结构，更加地道。

再如：Gradually, the world is making progress to-wards bringing sanitation to all-and fulfilling one of the ambitions of the Sustainable Development Goals, or SDGs.（全世界正在逐步取得进展，让所有人享有卫生设施，实现可持续发展目标中一项宏伟构想。）

汉语一般是先陈述、后结述的逻辑顺序。英语不一定遵循先因后果的顺序，常有逆序发生。句式重组后的译文行文更加流畅自然。

第二章　语言与语言对比

　　语言的产生、存在和发展往往依赖于一定的自然生态环境和社会人文环境。作为交流的工具、信息的媒介和文化的载体，语言总承载着一定的物质含义、规制内容和观念思想，反映一个民族的个性特征、思维方式和文化内涵。本章内容为语言与语言对比，主要围绕对于语言的理解、语言对比研究的形成展开论述。

第一节　对于语言的理解

语言是一个音义结合的词汇语法体系。具体来说，语音是语言的物质外壳，词汇是语言的建筑材料，语义是语言的意义内容，而语法则是语言的组织规律。很早以前，语言就与人们的社会生活发生着日益密切的联系，人们对语言现象的研究也逐渐深入，并最终形成了语言学。目前，语言学的发展已达到较高的水平，并具有不可忽视的理论意义与现实意义。本节主要从内涵、功能、特征三个层面对语言进行论述。

一、语言的内涵

（一）语言用于交际

语言的功能有很多，但是交际功能是所有功能中最基本的功能，具体可以从如下两个层面来理解：

1. 语言是最重要的交际工具

人类社会中的每个人都生活在一定的客观社会条件之中，人与人的交际是社会生活中的重要组成成分。人们往往用语言来交际，但是除了语言，还可以有很多种交流方式，如文字、灯光语、旗语、身势语等。文字的作用主要在于对语言加以记录，是基于语言的一种辅助交际工具，其与语言在历时和共时上都不能相比。灯光语、旗语是基于语言与文字而产生的辅助交际工具，也不能和语言相比。身势语是流传很广的交际语言，但是受各种条件的限制，往往会产生某些误会，因此，也不能和语言相比。通过上述分析可知，语言是所有交际工具之中最重要的交际工具。

2. 语言是人类独有的交际工具

关于语言是交际工具，前面已经论述过，这里所强调的是"人类独有"，可以从两个层面来理解。

（1）动物"语言"与人类的语言有根本区别

"人有人言，兽有兽语。"动物与动物之间也存在交际，它们采用的交际方式也有很多，可以是有声的，也可以是无声的。但是，动物与动物之间这些"语言"是与人类的语言无法比拟的。

首先，人类语言具有社会性、心理性与物理性。社会性是人类语言的根本属性，因为人类的语言是来源于人类集体劳动的交际需要。运用语言，人们才能够适应自然、改造自然。相比之下，动物的"语言"只是为了适应自然。

其次，人类的语言具有单位明晰性。人类语言是一种音、形、义结合的词汇系统与语法系统，音、形、义各个要素都可以再分解成明确的单位。相比之下，动物的"语言"是无法分解的。

再次，人类语言具有任意性。语言是一个规则系统，人们使用语言对自己的言语加以规范。但是，语言系统本身的语素和词，以及用什么音对意义加以表达等从本质上说是任意的。相比之下，动物的"语言"在表达情绪和欲望时并无多大区别。

最后，人类语言具有能产性。人类的语言虽然是一套相对固定的系统，各个结构成分是有限的，但是人们能够运用这一有限的成分生成无限多的句子，传递出无限多的信息。相比之下，动物的"语言"是无法达到这一效果的。

（2）动物学不会人类语言

动物能否学会人类的语言？答案显然是不能。很多人说，鹦鹉等能够模仿人的声音，但是这也不能说它们掌握了人类的语言，因为它们只是模仿，只能学会只言片语。也就是说，这些动物不能像人类一样运用语言生成无限多的句子，也不能写出无限多的文章。因此，能否掌握语言，也是人与动物的根本区别。

（二）语言用于思维

1.思维的释义

德国思想家恩格斯曾经说过，思维是人脑的机能。有科学家认为动物也有思维，他们通过实验发现，狗会算算术，黑猩猩可以借助工具获取食物，猫能够学会便后冲马桶，猴子可以借助石块砸开核桃，鸟类有自己的语言，海洋鱼类也能发出不同的声音信号，甚至还有人类无法用耳朵听见的声音信号，狼群、狮群可以配合捕猎等，这些都是动物思维的表现。

通过思维获得创造工具的能力是人类与动物共有的能力，只是人类的较为高级一些。这是广义思维的范畴。实际上，从严格意义上来说，动物只具有低级的思维方式，而经过不断进化的人类的大脑才是高级思维的物质条件，是高级思维方式的基础。

同样，人类的语言也是从这种广义范畴的低级语言逐渐进化到狭义范畴的高级语言的。或者说，人和动物思维的本质不同在于各自运用不同的语言思维方式。从生理学来看，思维也是人类与动物之间共通的，是一种高级的生理活动，是大脑中的一种生化反应过程。人类除了睡觉，几乎每时每刻都在思考，思考人与自然界的关系，思考个人与他人的关系。通过思考从现象深入事物的本质，发现事物的内在规律，使自身能够在客观世界中生活得更好。可见，人的思维是对客观世界的一种反映，是人类在认识客观事物时动脑筋进行比较、分析、综合等的过程。

当今网络世界成为越来越多人的第二种生活范围，人们可以在网络上做现实生活中的所有事情，衣食住行，求学求职，甚至"结婚生子"，有人认为这种虚拟现实不是客观世界，人们在网络上的思考和行为就不再是对客观世界的反映，因此，得出结论：思维可以脱离现实。其实，我们应当清醒地看到，网络世界也是对客观世界的反映，虚拟现实中的种种都留有现实世界的影子。衣食住行等行为都是客观世界里的客观发生，因此，对于网络虚拟思维，我们同样应当将其看作对客观世界的反映。

人类无时无刻不在用自己的大脑进行着思维，进行着创造，而人们很少对自身的"思维"进行思考。在学校里，虽然有脑科学、语言科学、逻辑学等相关学科，研究思维的物质基础、外在表现、各种形式等，对于人类"思维"的整体研究却无法独立成科，这确实是一个遗憾，其关键原因就在于很难为思维下定义。那么究竟怎样给思维下一个准确的定义呢？人们会从哲学角度、心理学角度、语言学角度给出不同的定义。例如，按照"思维科学首批名词术语征求意见稿"中的定义："人类个体反映、认识、改造世界的一种心理活动"，立刻会有人提出质疑，认为这种定义把思维纳入了心理学的范畴。

科学家钱学森高度重视思维科学的重要性，把思维科学提升为与自然科学等并驾齐驱的一类科学。他提出了现代科学的一个纵向分类法，把现代科学分为六大部类：自然科学、社会科学、数学科学、系统科学、人体科学、思维科学。

这样，我们就能够更加清晰地认识思维科学的位置，脑科学、语言科学、逻辑学、心理学等学科都可以统一在思维科学体系之下。科学家提出了一整套思维科学的体系架构及其友邻科学，可供我们参考。总之，要为思维定义，离不开三个要素，即人脑、客观事物、内在联系。

首先，思维是人脑特有的机能，是在人的大脑中进行的一种"活动"和"过程"，是一种生化反应。其次，思维是人脑对客观事物的反映。最后，人类通过思维能够认识客观事物的内在联系，对客观事物形成间接的和概括性的反映。

2. 语言与思维的关系

人们的思维认知过程总是借助视、听、嗅、触、说、思等手段来进行的，而人的眼视、耳听、鼻嗅、手触、口说、脑思等，又都毫无例外地通过语言来反映。思想不能脱离语言而存在，语言是思想的直接表现。语言与思维紧密相连，它们的关系是辩证统一的。语言有两个主要功能：思维功能和交际功能。它既是思维的产物，也给思维提供物质材料；思维是语言的核心，必须借助语言来进行工作。

思维的过程即人脑对外界信息的接收、加工和处理的过程。外界的语音、文字等信号通过听觉、视觉、触觉等方式被大脑接收后，便迅速进入大脑的信息加工处理程序。语言信息的加工处理过程是在大脑中进行的，这点不必用语言学来推导，其他相关科学的实验、测试手段（如脑电图、磁共振等）能更加直接地证实。最明显的是人们在说话时可以用脑电图测得脑电波，这样的脑电波测试可以重复成千上万次，结果都显示脑电波的存在。这就足以证明语言信息确实在物质大脑之中，语言信息的加工处理也在大脑中进行。

语言是逻辑思维的工具，当人们的大脑进行思考时，语言中枢就会对思考着的画面进行"解说"和编码，大脑会自动选择自己最熟悉的语言——母语来进行编码。对于同时说两种或多种语言的人来说，语言中枢也会根据不同的情境，自然地作出选择。比如，人们常常会发现，双语儿童在和说中国话的妈妈说话时说中文，而和说英语的爸爸说话时自然地转换成英语交流，这就说明大脑会根据情境自动选择合适的语言来表达思维内容。

学习外语的人会把能够用外语进行思维作为学好这门外语的最高境界。如果能够像母语一样熟练地运用一门语言，我们的大脑就会在合适的情境中"毫无偏见"地采用这门语言作为它思考的工具。随着社会的发展和科学的进步，人们对语言、思维和现实的思考将会从更多角度展开。

二、语言的功能

（一）陈述功能

陈述功能，即语言被用作对事物与事件之间的关系进行说明的工具或手段。随着人类社会的进步，语言仅仅有对事物的命名功能显然不能满足人们交际的需要，这是因为在日常生活中，人、事物、事件之间有着必然的关联，可能是外显的，也可能是内隐的。对于这些关联，最初人们采用了一些主谓句式或者"话题—评述"的功能语法结构等，从而形成一个个命题。但是通常来说，一个命题显然也是不够的，于是人们又创造了更多的命题，这时篇章就形成了。久而久之，人们就学会了对复杂命题的表达与陈述。

例如，当人们看见一群羊在吃草，一般就会说："羊群在草地上吃草。"草地上的牧羊人跟我们打招呼："嗨！你们好呀！"然后我们想把此事告诉家人，就会对家人说："今天我们去了草原，在那里我们受到牧羊人的热情欢迎。"这个例子中既有单个的命题，也有由多个命题构成的篇章。

（二）人际功能

人际功能，即语言被用作对人际关系进行维持和改善的工具和手段。人们为了维持关系，往往会在不同的场合运用各种不同的语言，如在正式的场合使用正式用语、在非正式的场合使用非正式用语等。这样的使用不仅可以获得他人的好感，还可以体现自身的地位和魅力。当然，有时候人们交谈仅仅是为了保持交往的关系。例如，在酒会上，人们交谈会话的语义内涵往往为零，但是为了营造一种惬意的氛围，往往会闲聊一些有趣的事。在这种场合，人们交谈的话多是场面话。

（三）命名功能

命名功能，指语言被用作对某些事物、事件进行标识的工具或手段。这是人类运用语言的一大强烈心理需求，且蕴含的意义非常大。大部分儿童对生词的掌握都有一种迫切的需求，这也阐明了掌握鉴别事物的符号的重要性。只有掌握了这些符号，才能说真正地认识了这种事物。

人类在没有语言之前，世间万物在人们的心目中所留下的印象是不同的，因此，产生了人们对这些事物认知的差异，并且通过这些印象，他们可以识别这些事物。但是如果没有语言，人类是无法对这些事物进行表达的，这些事物存在于人类的脑海中的也仅是一种意会。这样的话很容易出现混乱。例如，当人们第一次见到荷花时，并不知道它叫什么，但是能感觉到它与其他事物之间的差异，只能在头脑中形成它的形象。但是，随着人们见到的事物越来越多，那些叫不出名字的事物就会在头脑中显得非常混乱。在这样的情况下，人们就有了对事物进行命名的需要，因此，一些名字也就相继出现了。

随着语言的诞生，人们才能为各种事物命名和赋予意义，也使得人们的记忆力明显提升。

（四）表达功能

表达功能，即语言作为对主观感受进行表达的工具和手段，可能是简单的词语，也可能是句子或者篇章。也就是说，语言可以使人们表达喜怒哀乐等情绪或感受。例如，当人们遇到喜事时，往往会说"Hurrah，we've won"；当人们遇到可怕情况时，往往会说"Oh，how horrible"；当人们对某件事表达赞同时，往往会说"Ok,you can go"。除此之外，语言的表达功能还可以帮助人们仔细推敲韵律、词句结构等，从而将内心情感效果传达出来，如散文。

三、语言的特征

（一）自然性

语言是由形式和意义两部分构成的符号系统，语言符号还可以具体切分出更清晰的单位，符号与符号之间有着或横向或纵向的关系，相互之间可以组合，而且组合是呈线性的。此外，语言符号具有生成性，通过一定的语言规则，有限的符号可以生成无限多的句子，表达无限多的意思。

（二）社会性

语言是一种交际工具，交际是其首要职能，信息的传递、情感的表达都需要借助语言这一工具来完成。语言这种工具具有全民性，可以为全体社会成员服务。语言产生于社会，又广泛运用于社会，且随着社会的发展变化而变化。反过来，语言能够反映社会，通过对语言进行研究就可以从中观察社会现象，了解社会心态。

（三）心理性

语言与思维关系密切，语言是人类进行思维的重要工具。如果离开语言，人类的思维也就难以进行；如果脱离思维，语言也就无所依靠，会毫无逻辑。可以说，思维是语言存在并正常运行的基础，如果思维出现问题，那么语言能力也会受到严重影响。

第二节　语言对比研究的形成

语言研究主要是通过比较（compare）和对比（contrast）两种途径来实现的。一方面是通过对语言内部的符号体系、构成形式、结构特征、语义表达、语用原则等进行比较和对比，揭示其内在规律性；另一方面是对不同语言进行比较和对比，展现其间的符号、构成、结构、语义、语用特征等方面的个性和共性。因此，衍生出了比较语言学（Comparative Linguistics）和对比语言学（Contrastive Linguistics）。比较语言学的任务主要是寻求某种语言内部的构成特征、语义表现形式以及不同语言间的共性。对比语言学主要是对两种或两种以上的语言进行共时性对比研究，描述它们之间的异同。在两种研究方法中，对比的方法得到学者的广泛认可和采用。

一、语言对比研究的目的

学习语言必须了解语言的内在规律和特点，要了解这些规律和特点就必须进行语言研究。语言研究的主要目的在于通过语言的比较和对比，揭示语言产生、存在和发展的内在规律，展示语言的性质特征，发现语言间的异同。

（一）语言有各自的特点

国外一些学者通过研究语言后发现了各种语言的本质特点。例如，法国翻译阐释理论的代表人物让·德利尔（Jean Delisle）指出："每个社会群体都已构筑自己的表达习惯，随着时间的推移，这些习惯已融入语言之中而形成语言的某些特点。"[①] 也有学者关注到语言间的差异性。例如，法国学者埃德蒙·凯里（Edmond Cary）认为："两种语言都可以蜕变，而且隶属于同一语系，但是，其表达思想和传递意义的方式迥异。"[②]

（二）语言对比研究是为学习和应用服务

语言对比，就是研究两种语言的异同，展示它们的个性与共性，突出个性差异，从而找出各自的特点和规律性。很多学者注意到了语言对比研究的重要性，将语言对比研究的目的定位在为语言学习和应用服务。

1. 语言对比研究服务于语言学习的目的

要学好语言，最有效的方法是了解语言的符号构成体系、语法结构规则以及应用习惯等。要学好外语、用好外语的有效方法是将外语与母语进行对比，发现它们的共性，了解它们的差异，这样就可以增强差别意识，提高应用的针对性和灵活性。

2. 语言对比研究服务于语言应用的目的

语言虽然具有不同的类型，但作为人们进行信息交流的工具，其功能都是相同的，即确定事物的名称和概念，描述人们的行为方式和特点，说明事物的性质和特征，表达人们的思想和情感，阐述人们对事物的认识和观点等。然而，人们赖以生存的自然环境和社会环境的差异性决定了语言符号的形成过程、形态、读音乃至语义内涵方面的不同，同时也会导致语言的表达方式、语用原则乃至文化内涵方面的明显差异性。

英语和汉语是在两种不同背景下形成和发展起来的语言，不仅在语言的基本

---

① 李建军，盛卓立. 英汉语言对比翻译 [M]. 武汉：武汉大学出版社，2014.
② 同①.

形态的形、音、义等方面存在显著的差异，在深层的语用文化方面的差异更大，也更隐晦。在英汉语言的交流过程中往往受母语负迁移的影响而造成对另外一种语言的使用在时间、场合和对象方面出现问题，要么不妥，要么违背原意，甚至会造成直接伤害或者冲突。

例如，中国人常说的"请您多提宝贵意见"，若用英语"Please give us your valuable comments"来表达，会让以英语为母语的人误认为是"无价值的意见就免开尊口"。与该句汉语对应的英语表达应该是"Your comments are welcome"或者"We appreciate your comments"等。

可见，跨语言表达并非形式上的简单套用，而应遵循语言内部的相应规则、逻辑乃至表达习惯，体现语言的本质和内涵。

3. 语言对比研究服务于语言的翻译转化目的

随着科技的日益发展，全球化趋势越来越明显，国际政治、经济、技术和文化交流也越来越频繁，语际的转换也越来越重要。要完成语际的转换就必须深入了解两种语言的本质。语言对比与翻译实践是紧密相连的。通过研究译例来实现两种语言的比较，认识其各自的特点，即翻译是比较的途径和工具，比较的目的是能够更好地为翻译服务。

翻译家傅雷在《〈高老头〉重译本序》中说："译本与原作，文字既不侔，规则又大异。各种文字各有特色，各有无可模仿的优点，各有无法补救的缺陷，同时又各有不能侵犯的戒律。像英、法，英、德那样接近的语言，尚且有许多难以互译的地方；中西文字的扞格远过于此，要求传神达意，铢两悉称，自非死抓字典，按照原文句法拼凑堆砌能济事。"① 他也谈到了改变句法结构和保留句法结构之间的辩证关系："我并不是说原文的句法绝对可以不管，我们要最大限度地保持原文句法，但无论如何，要教人觉得尽管句法新奇而仍不失为中文。这一点当然不是容易做得到的……"

二、语言对比研究的方法

进行语言对比研究，基于哪种理论框架、采用什么方法、涉及哪些内容等，

---

① 傅雷. 傅雷谈艺录及其他 [M]. 北京：北京联合出版公司，2018.

往往既受制于研究目的，也受制于研究者的研究思路、研究能力和研究水平。

从研究目的来看，一种是宏观的理性研究，即以某种假设为前提进行推导，进而得出某种理性的或者原则性的结论，这种研究体现的主要是共性。另一种是微观的经验总结，即通过对一系列的语言现象进行分析总结，找出语言的共性，发现语言的个性，这种研究体现的主要是个性。

从研究者方面来看，研究者的研究思路、研究能力和研究水平决定了研究的方向、研究的内容、研究的深度等。俗话说"站得高，看得远"，这个道理也同样适用于语言研究。对于语内研究，研究者的视野以及对研究内容的熟悉程度制约了研究的水平；对于语际研究，研究者对两种语言的形成机制、结构原则乃至文化影响等的了解和熟悉程度，将直接影响研究的深度和效度。

本书认为，进行语言研究，特别是跨语系的语言对比研究，首先，研究者应该对语言有系统化的了解，包括语言发音、文字形态、构词形式、语义表达、语用原则、句法结构，以及文化渊源和文化习俗等。其次，研究者应着眼于实用的原则，将研究立足于为学习、应用和转换等服务的目的，展开系统化的研究，查找语言的共性，展示语言个性，有利于让人们学习领会和应用，以充分发挥语言的交际效能。最后，研究者要有诚恳务实的研究态度，寻求合适的研究方法，找准恰当的研究角度，展示对应的研究内容，只有这样，研究才会有成效，更实用。

三、英汉语言对比研究的形成

语言对比研究的历史源远流长。在对语言进行比较研究的过程中，人们的兴趣、目的、方法不同，逐渐形成了不同的语言学分支。欧洲和美国是对比语言学的两个主要源头。

欧洲传统的对比语言学起源于 19 世纪末 20 世纪初，代表了当时语言学研究的兴趣。这一传统的对比语言学研究大多是理论性的，并一直持续到 20 世纪 60 年代。第二次世界大战期间，美国传统的对比语言学研究刚刚开始，这一概念是由美国人类语言学家沃尔夫在 1941 年首次提出并使用的，他在《语言与逻辑》一文中最早提出了"对比语言学"这一名称，并指出可以将比较语言学中产生的新的思想方法称为"对比语言学"，它主要是指研究不同语言经验、逻辑和语法等方面在一般分析中的重大区别。

美国对比语言学的兴起主要是由于当时外语教学的需要。为了让大量的美国移民在短时间内掌握英语，同时也为了让出国参战的美国士兵迅速掌握一些有关参战地区所使用语言的基本知识，学界当时认为外语教学有效且经济的方法就是"对比分析"。这一指导思想的心理学理论基础是行为主义的"刺激—反应"联想学习原则，该理论认为，外语学习过程是一个母语与外语之间建立起联想的过程。与此同时，美国结构主义描写语言学日趋成熟，提出了一套对语言的结构按层次进行切分的方法和程序，从而推动了对比语言学的发展。美国的对比语言学从一开始就服务于外语教学，被认为是外语教学的一个重要力量基础。20 世纪 60 年代以后，这种以教学为目的的对比语言学的两个理论基础——行为主义心理学和结构主义语言学都受到了批判，从此，对比语言学在美国一蹶不振。

对比语言学在欧洲的发展则选择了不同的道路。20 世纪五六十年代，欧洲各国多个语言学派及其语言学家，对语言学理论对比研究作出了巨大贡献。20 世纪 60 年代中期，美国的对比语言学开始走向末路，而欧洲的对比语言学则方兴未艾，研究的重心开始从美国转向波兰、芬兰等欧洲各国，一大批有组织的对比研究项目蓬勃开展起来。这些项目有的侧重于理论研究，有的侧重于实践应用，但大多采用转换生成语法作为对比描述的语言学框架，这些项目的开展大大促进了对比语言学的发展，成果颇丰。不过此时的对比语言学研究绝大部分是英语和其他欧洲语言之间的对比。此后的几十年里，对比语言学得到了迅猛发展，传播到欧洲之外的国家和地区，并有大量著作问世。

20 世纪末，新的语言学理论层出不穷，涉及语用学、生成语义学、社会语言学以及认知语言学等方方面面，并取得了前所未有的研究成果。1998 年，芬兰对比语言学家切斯特曼出版了专著《对比功能分析》，这一著作被视为半个多世纪以来西方对比研究的集大成之作。他不仅尝试对涉及对比基础的一些概念进行哲理性探索，而且还从理论上将对比研究与翻译研究联系起来，提出了一套更具操作性的对比研究程序。他注重将对比范畴从外向的语用学层面延伸至内向的语言使用者心理，建立了一个宏大而又缜密的功能对比研究体系，昭示了对比语言学的历史发展趋势。

在对比语言学以欧洲为中心进行着宏观对比以及理论建构的同时，中国的对比语言学研究也在蓬勃地开展。1977 年，语言学家吕叔湘发表了《通过对比研究语法》一文，该文章被视为中国的对比语言学学科形成的标志。此后的几十年里，来自汉语界、对外汉语界、英语界以及理论语言学界等各方面的力量形成合力，在语音、语义、语法、语用和文化等许多方面的中外语言对比上取得了丰硕的成果，研究的视角也从最初单纯的微观研究逐步发展到了宏观研究。

吕叔湘对我国的语言对比研究作出了巨大贡献，主要表现在四个方面。第一，积极倡导比较方法论。吕叔湘认为只有通过比较，才能了解一种语言的文法，才能了解各种语言表现手法的异同。第二，努力实践比较方法论。吕叔湘以严谨的科学态度从析句、词序、词形变化、语音、拼法、非限定动词、动词时态、词义、词类等方面进行了英、汉两种语言的比较，为中国的英语教育指明了方向。第三，在理论和方法上有独特建树。吕叔湘主张应用性对比研究应重在求异、释异。第四，重视学科建设与人才培育。吕叔湘创建了我国第一个英汉对比语法专业课程，这一举动充分带动了各个高校积极建立和开展面向全体学生的英汉语言文化对比课程。

四、英汉语言对比研究的内容

语言对比分微观对比和宏观对比两大范畴。微观对比包括语音、文字、词汇、语法等，而宏观对比则关注语言习惯、文化背景等。

英汉语言对比主要通过实际英汉翻译例证，分析英语和汉语在语言风格、句法现象、词汇表达上的差异，了解两种语言在词汇意义和语序安排上的异同，掌握句子结构、句子顺序及内容在表达上的特点等，科学地进行翻译练习和翻译实践。语言的表达方式不仅与文化有着密切的关系，而且与思维及逻辑方式也有着密切的关系，这种思维及逻辑方式的差异在语言表达方式上的表现，既存在于语篇的思路和结构上，也存在于句子的水平上。

英汉文字对比是英汉语言微观对比中的重要部分。文字学是语言学中以文字为研究对象的一个分支学科，创建于中国。英汉文字对比虽然属于英汉语言文化微观对比的范畴，但是其比较内容所涉及的范围十分广泛，包括文字的起源与演变、文字的形体特征、文字在语言单位中所处的地位、文字的表音表意性质等。

词汇是一种语言里所有的词和固定词组的总和。词汇学是语言学的一个分支学科，研究语言或一种语言词汇的组成运用和历史发展。可以说词汇研究是语言学研究的一部分。古代汉语只能称为语文学，但是，汉语词汇学研究历史悠久，它起源于我国古代的训诂学。现代语言学的兴起和蓬勃发展也对词汇研究产生了巨大的影响，语法研究的目的在于描写和总结语言的组织规律，其范围和内容随着人们对语法在语言中的地位的认识不同而不同。

修辞学所研究的是如何提高语言的表达效果，是以修辞活动为研究对象的一门学科，主要包括语音、词汇、语法中的各种修辞手段。从发源的角度来看，汉语传统修辞学与西方传统修辞学有着截然不同的出发点。西方传统修辞学以说服别人、在辩论中获胜为出发点，与演讲手段有着密不可分的关系，试图影响他人。

语篇对比属于对比语言学的范畴，英汉语篇对比研究是起步发展较晚的一个领域。句子一直以来都是人们认知中最大的语言单位，随着语篇分析的飞速发展，语篇逐渐成为比句子更大的语言单位，许多专家、学者也越来越重视对语篇的研究，从而把对语言的研究提升到了篇章的层面上。韩礼德和哈桑在《英语的衔接》（*Cohesion in English*）一书中详细描写了英语语篇中的衔接现象，并将衔接的手段划分为词汇衔接、连接、省略、替代和照应五类，这一理论的提出对之后的英汉语篇衔接手段对比产生了深远的影响。

语用学是一门新兴的语言学分支学科。语用学的发展经历了一个漫长的阶段，直到 20 世纪六七十年代，语用学才作为一门独立的语言学分支学科被人们熟知。英汉语用对比研究涉及理论研究、话语结构、语用教学、语用失误、指示语、交往规则等多个方面。

语言可以说是人类为了传播文化思维经验而形成的一套特殊的表达方式。由于语言既是文化的镜子，又是文化的载体和交流工具，文化是语言赖以生存和发展的土壤，因此语言不能脱离文化而存在，必然受到文化的影响和制约，同时语言也促进文化的发展，两者密不可分、相互依赖。

五、英汉语言对比研究的方法

语言是社会文化的重要组成部分，不同语言在词语等方面的差异，能够充分反映使用这种语言的社会文化方面的重要特征，如语言文化、宗教文化、社会文化和物质文化等。英汉语言对比的方法主要有两种：一是以语法为中心，二是以语言事实为基础。以语法为中心是较为传统的对比方法，也是较为直接简便的方法，由于语法研究主要是对语言的语义表达与其组织规律之间关系的研究，因此其差异主要是指两种语言之间的基本差异。

（一）以语法为中心

1. 概念

要弄清楚两个概念，即客观语法和主观语法。客观语法主要是指不同语言客观存在的语言组织规律，主观语法主要是指在研究客观语言事实的过程中所总结出来的语法体系。随着研究立场和角度的不同，其对语言事实的解释也会有所不同，因此，与客观语法之间尚有一段距离。

2. 对比研究需要遵循的原则

针对汉语语法体系的特点，在进行对比研究时必须遵循以下三个原则：第一，在两种语言中，同一种语法术语所代表的意义有所不同；第二，在讨论语法问题的过程中，分清一般的思维概念和语法概念；第三，同类词在不同的语言中的功能不完全相同。

（二）以语言事实为基础

英汉对比的第二种方法就是以语言事实为基础。收集语言实际使用中足够多的第一手语料，并对其做详尽的描写，进而深入探讨、分析和解释其中所反映的问题。在对语言事实进行充分描写的基础上，结合从语法框架入手的思路，归纳和总结发现的信息，使其最终指向系统性的解释，而不是仅仅满足于对零散语言现象的分析。"描写"是解释的前提和基础，任何解释都必须建立在客观的、科学的描写之上，否则是不具有任何意义的。但是，为了不断深化对语言的认识，且上升到理论的高度，除了要描写，还需要进一步地解释。显然，这两者是相辅相成、缺一不可的。理论的价值只有在解释具体语言事实时才能实现，其价值会随着解释力的增强而提高。可以在"描写"的基础上发现英汉两种语言在表达上存在的一些规律性的区别。

第三章　英汉语言对比分析

　　本章内容为英汉语言对比分析，依次介绍了英汉语言发展概况、英汉语言差异形成的原因、英汉语言的形音义对比、英汉语言的句式句法结构对比、英汉语言的语用分析及语篇对比共五个方面的内容。

第一节　英汉语言发展概况

语言的发展和社会的发展密切相关。社会的统一与分化以及人们相互接触和交流所产生的影响会相应地引起语言的发展与变化。

一、影响语言发展的因素

语言是用来描述人类行为活动、表达思想情感以及表现事物性状特征的工具性符号。它的发展变化必然受到社会生活方方面面的影响和制约。影响语言发展的因素主要包括以下两个方面：

（一）外在因素

语言在社会发展中扮演着不可或缺的角色，它是社交活动的必要因素。

1. 社会的进步推动语言的发展

随着社会进程的迅猛发展，新事物、新概念不断代替旧事物、旧概念。这反映了事物消亡，语言也会随之消亡，如汉语中敦、鬲、爵等器具名称，随着器物的消亡而淡出了人们的视线。此外，一些新的语汇会随着社会的新事物或者新现象而产生，例如，汉语中的萝莉源于"Lolita"，是对 16 岁以下的可爱小女孩儿的称谓；英语中由 friend 和 enemy 合成的新词"frenemy"主要是指表面和气、背后敌对的关系或人等。汉语中的打假、希望工程、豆腐渣工程等，都反映了特定历史时期的重大事件或重大社会问题，记录了社会发展变化的阶段性轨迹。社会对语言的需求，极大地推动了语言的发展，使其不断地产生新的词汇以适应社会发展的需要。

2. 社会的分化和统一推动语言的发展

随着社会的变革，语言随之不断发展。当一个社群走向瓦解，交流活动势必减少，导致了部分古老语言的消亡，同时也会有新语言的产生。随着时间的推移，语言会随着不断的应用而具有一些特征，最终演变成独立的语言体系。此外，在社会高速发展的背景下，不同社会群体之间的语言可能出现差异，为特定行业术语的产生创造了条件，这些术语也会因此具有鲜明的特色。

如果处于分化状态的社会走向统一，各种语言的相互影响不断加强，交际的机会增多，则会形成全社会的共同语，并逐渐趋向统一。语言的分化和统一是两个相反的过程和结果，是一个缓慢的过程。

3.民族间的接触推动语言的发展

随着全球化进程的加快，各个国家、民族之间的交往日益密切，不同的语言相互影响，推动了语言的变化和更新。

（二）内在因素

语言结构要素之间的矛盾促进语言的发展。语言的存在和发展往往受到社会发展的制约。但是语言系统内部的各个要素以及每个要素的各个成分（语音、语义、词汇、语法），都处于对立统一的关系中，并在这种关系中以一种平衡的状态相互扶持。当这种平衡状态已经形成的规则被外界因素破坏时，必须对规则进行重新调整以达到新的平衡，才能完全适应新的环境和条件。例如，在古代汉语中，单音节词所占的比重较大，相互之间保持了有效的区别和平衡。后来，同音词的大量增加，单音节的形式逐渐被双音节词的构词模式替代，造成了语言系统内部平衡的破坏，从而影响了人们的社会交际。

二、英汉语言的发展阶段

语言实际上反映的是一个民族兴衰发展的历史。因为语言受到各种社会因素的影响，主要包括政治（军事入侵与占领后的政治统治）、经济（支撑政治、军事话语权的基础平台）、教育（军事入侵与占领后的语言教育与文化意识形态教育）等。

（一）英语的发展阶段

英语的发展主要经历了三个时期：古英语（Ancient English）时期、中古英语（Middle English）时期和现代英语（Modern English）时期。

1.古英语时期

公元前500年左右，凯尔特语成为大不列颠岛上最早有历史记载的语言。公元前 55 年，罗马人对大不列颠实施入侵，并统治该地区长达 5 个世纪。在此期间，拉丁语被引入作为官方语言，导致凯尔特语地位大幅下滑。

约 449 年，居住于丹麦与德国北部的三个日耳曼人部族，即盎格鲁人（Angles）、撒克逊人（Saxons）和朱特人（Jutes）趁罗马帝国衰落之机侵入大不列颠。随着时间的推移，他们逐步将大不列颠地区原有的凯尔特语演化为自身的语言。历经长时间的融合，这三种日耳曼语支逐渐形成了一种全新的语言，即盎格鲁 - 撒克逊语。英语便源于此，该语言为英语的后续发展奠定了坚实基础。

到了 1000 年左右，大不列颠岛被称为 Englaland。此后，这个词语的含义逐渐发生了变化，分别演变为指代一个地区的词语 "England" 和指代一种语言的词语 "English"。这就追溯到了英语和英国这两个词汇的起源。大规模的丹麦人入侵始于英国 8 世纪后期，随着时间的推移，这些侵略者在英国东北部建立了存续时间近三个世纪的丹麦人殖民区。9 世纪时，英国再度遭受斯堪的纳维亚人的袭击。这些侵略者跟当地居民通婚并在英国定居。他们所使用的语言也逐渐融入了英语之中。斯堪的纳维亚语对英语的发展产生了重大影响。古英语时期是英语形成、发展和统一的阶段。这一时期的英语被称作古英语。

2. 中古英语时期

1066 年，法国公爵率领军队进攻英国，最终战胜对手，并被正式授予英国国王的头衔，从而建立了诺曼王朝。诺曼王朝一直统治英国到 1154 年。在诺曼王朝统治期间，诺曼语（诺曼语是法语的一种方言）在英国享有特殊地位，成为英国政府、教会和学校的官方语言，上流社会的人士都说法语、写法语，拉丁语成为阅读《圣经》和进行宗教活动的宗教语言，英语则是下层社会劳动者交流使用的大众语言。也就是说，诺曼王朝统治期间的英国实际上存在三种语言。英国的法院、学校、宫廷分别于 1362 年、1385 年、1399 年才停止使用法语。在 1066 年，诺曼公爵征服英国后，英国臣服于法国的统治，法语成为英国上流社会使用的语言。这一阶段大量法语词汇融入英语，称为中古英语。至今，英语中仍保留着大量的法语词汇（如 age、air、brush、cry、indict、jury、verdict 等）和拉丁语词汇（如 angel、candle、pope 等）。

在当代英语中，人们使用 pig 表示猪，而 pork 指的是猪肉；人们使用 cow 来表示牛，而 beef 指的则是牛肉。这一现象的发生是由于诺曼人的入侵，导致动物肉品名称源自法语，而其名称的词源为英语。这些动物的英语名称之所以得以延续，是因为养殖牛、猪、羊的普通民众通常使用的是英语。他们养的动物主要供应给说法语的富裕阶层，因此，这些动物的肉品名称用法语表达，以便上层人士能够明确理解。

1337—1453 年，英法进行"百年战争"，英国取得胜利后，英语开始重新回到主流地位。随着英文版《圣经》的出版，拉丁语不再是宗教所使用的独一无二的语言。与此同时，英语在英国开始广泛使用，并成为一种通用语言。

3. 现代英语时期

在文艺复兴时期的 14—16 世纪，人们对古罗马和古希腊文化产生了浓厚的兴趣。这一时期对于英语的发展来说是一个重要的阶段。在这个阶段，英语逐渐吸收了来自欧洲古代社会文化领域的精华元素，其词汇量也因此大幅度增加。通过汲取古希腊和古罗马文化的精华，英语的表达方式和内涵得到了极大的丰富。

例如，mosquito、cocoa、banana 来自西班牙语，botany、astronomy、geometry 来自希腊语，alloy、comrade、surpass 来自法语，violin、piazza 来自意大利语。

18 世纪以后，随着工业革命兴起，英国开始对外开拓市场，在全球争夺殖民地。在与世界各地交往和殖民统治的过程中，英语吸收了大量外来新词汇。例如，zebra（斑马）、chimpanzee（黑猩猩）等来自非洲，cashmere（开司米，山羊绒）、shampoo（洗涤剂）等来自印度，tea（茶叶）、litchi（荔枝）等来自中国，kangaroo（袋鼠）、boomerang（回飞镖）等来自澳大利亚，cannibal（食人者）、canoe（独木舟）等来自西印度群岛。

英国的殖民扩张与向海外大量移民使得英语也逐渐从其本土向国外传播。除英国本土外，以英语为母语（Native Language）的国家有爱尔兰（Ireland）、美国（America）、加拿大（Canada）、澳大利亚（Australia）、新西兰（New Zealand）、圭亚那（Guyana）、巴哈马（The Bahamas）、巴巴多斯（Barbados）、牙买加（Jamaica）、圣克里斯多福及尼维斯（Saint Christopher and Nevis）、特立尼达和多巴哥（Trinidad and Tobago）等，尼日利亚、加纳、肯尼亚、乌干达、坦桑尼亚、赞比亚、津巴布韦、南非、新加坡、印度、菲律宾等国家把英语作为官方语言。

另外，现在还有很多国家将英语作为第二语言。在国际交流中，英语几乎取代了法语，成为主要的语言。

（二）汉语的发展阶段

汉语的发展阶段，根据不同的标准，存在不同的划分。吕叔湘根据汉语书面语的不同表达形式——"文言"和"白话"，将汉语的演变划分为古代和近代两个时期，将晚唐五代作为这一划分的分界点。

语言学家王力根据研究的语音材料，参考历史朝代的更替，把汉语语音史分为先秦、汉、魏晋南北朝、隋至中唐、晚唐五代、宋、元、明清、现代，共九个阶段。传统音韵学根据数千年的汉语语音发展过程，将汉语的发展分为上古时期、中古时期、近代时期和现代时期四个大的阶段。这是一种较为普遍接受的观点。

1. 上古时期

从公元前 18 世纪到 3 世纪为汉语发展的上古时期，其中，商为上古前期，周、秦为上古中期，两汉（东汉、西汉）为上古末期。这一时期的汉语呈现出的特点为：在语音上，没有轻唇音和舌上音，音调分平、入两大类；在词汇上，以单音节词为主，存在一定数量的复音词；在语法上，实词没有此类标准，且存在宾语前置的现象，如"吾谁欺"。

2. 中古时期

汉语在 4 世纪到 12 世纪这个时期里，也就是六朝、隋、唐、宋时期，经历了中古汉语的演变过程。在六朝时期，即中古时期的前半段，中国北方被一些少数民族主宰，而汉族人则主要定居于中原地带。在这一阶段，汉语与北方少数民族的语言渐渐交融。唐、宋为中古的中、后期，在这一时期，政治、经济和文化的发展达到了鼎盛时期，从而使得居住于中原地区的汉族语言——汉语得到了发展和广泛的传播，并产生了深远的影响。这一时期汉语呈现出的独特特点为：在语音上，以《切韵》为代表的中古语音系统形成，轻唇音和舌上音产生，平、上、去、入四声形成；在词汇上，四声别义现象普遍加强，复音词大量增加，出现少量的双音节词、多音节词和外来借词；在语法上，动补结构出现，如"了、着"等动词词尾产生；文言和白话两种书面语同时并存，但文言书面语占有统治地位。

3. 近代时期

自 13 世纪初至 20 世纪初，我国历史经历了元、明、清三个重要时期。早期为元代，中期为明清时期，而晚期则指从鸦片战争到五四运动这一历史阶段。这一时期的历史进程，对于我国的发展具有深远的影响。

近代时期，汉语呈现出的特点为：在语音上，舌上音和正齿音合并形成卷舌音，入声消失，平声分阴阳两类，即阴平、阳平、上声和去声；在词汇上，口语词汇大量进入文学作品，由于西方文化的引入，大量外来词汇进入汉语，大量的双音节词出现，词汇以双音节词为主；在语法上，普遍使用结构助词"的、地、得"，语气词系统形成。

4. 现代时期

这一时期的汉语呈现的特点为：在语音上，以北京音为标准音；在词汇上，以双音节词为主，多音节词并存，汉语词汇量呈现不断扩大的趋势；在语法上，形成了完善的现代白话文语法规范。

三、英汉语言的发展特点

由于英汉语言产生、生存和发展的环境与条件不同，因此它们也具有自身发展的特点。

（一）英语的发展特点

英语汇集了多种语言，拥有独立丰富的词汇量和刻板且简单的语法结构，这是英语的两个显著特点。

第一，拼音文字的音义分离决定了词汇量的不断扩大和攀升。英语属于印欧语系，是拼音文字，其构词的基本单位是字母和字母的组合，每个意思由一个词语来表示。英语往往伴随着新事物的出现而用新词来表示，词汇量一直在不断增加和扩大之中，因而英语的词汇量非常大。据有关学者统计，古英语只有 5 万～6 万词汇，《牛津英语词典》中收录了 40 多万词汇，在《英国百科全书》中收录的词汇超过 50 万，现代英语词汇则有 100 多万，现代英语词典就收录了 75 万多个词条。英语已经成为世界上词汇量最大的语言。

第二，民族的征服与被征服使得英语受外来影响较大。英语民族的发展历史是一部在征服和被征服的更迭中演变的发展史，因而英语受外来因素影响很大，主要是外族入侵和殖民扩张与殖民统治所带来的民族和政治影响。英语中有80%的词汇是从其他语言借来的。

（二）汉语的发展特点

汉语是由单一语言进化演变而成的，语法精练而灵活、词汇义宽而量小是汉语的两个显著特点。

第一，汉语属于汉藏语系，是表意文字。汉语中字与词不同，有些字本身就是词，有些字只是词素（构词的基本单位），只有与其他的字组合才能成为词。汉语中组词的汉字数量基本固定，常用汉字大约是3600个，但是由这些汉字组成的词可以不断增加和扩大，如"宅女"一词是反映现在不出门与人交往，而整天待在家里的女孩儿，是由"宅"和"女"组合而成的，单纯的"宅"和"女"不能表达词汇"宅女"的含义。汉语演变的总趋势是词汇量增多与词义扩大。有关统计显示，我国古代的《康熙字典》中收录了4.9万个字和词，在《汉语大字典》中收录了5.6万个字和词，在《中文大辞典》中收录了40余万个词条，在《大汉和辞典》中收录了55万余个词条。

第二，民族的统一使得汉语只产生体变。汉语受外来因素的影响很小，一直保持稳健的发展。汉语发展到现在已有6000多年的发展历史。在各地方言的汉语中，词汇与语法方面的差异则相对较小，相较之下，口音差异颇为明显。尽管古汉语与现代汉语在词汇与语法上的区别较为微弱，但在发音方面存在较大差异。

汉字经历过许多变迁，但主要是书写体的变化，即甲骨文、金文、篆书、隶书、楷书等书写体的变化。虽然汉语方言在发音等方面仍然存在着较大的差异，但书写系统的统一极大地减少了交流障碍。

综上所述，英语是使用英语的民族在征服和被征服、侵略与反侵略的斗争中，在接受与融合的基础上发展起来的一部语言发展史，反映了英国民族的曲折发展过程。汉语则是在统一的多民族国家发展中，语言内部的进化与改善的语言发展史。

第二节　英汉语言差异形成的原因

一、价值观念不同

文化中的价值观是通过语言进行传递和体现的。由于各种文化差异，因此人们的价值观呈现出多样性，这也对语言产生了各种影响。下面就从时空、人际关系两个方面，讨论价值观是如何造成英汉语言差异的。

从字面上看，"时空观念"涉及两个方面：时间观念和空间观念。下面就对中西方价值观念中的这两种观念进行对比。

（一）时间观念

顾名思义，时空观念就是人们对于涉及时间、空间范畴的行为举止的约定俗成的看法。中西方时间观念上的差异主要体现在以下两个方面：

1. 中国的环型时间观念和西方的直线型时间观念

中国文化视时间为一个环，不断旋转，四季更迭，循环不息，这使中国人倾向于回顾过去，立足于过去的思想观念。中国人的环型时间观充分体现在中国的文学作品中，如"明日复明日，明日何其多""人生代代无穷已，江月年年只相似"等。需要指出的是，随着中国与世界经济的接轨，中国人的时间观念也逐渐与世界接轨。

与中国人的环型时间观念相比，西方人的时间观念更趋于直线型，它不断延伸，永不复返，所以，西方人在生活中总能向前看，着眼于未来。西方人的这种直线型的时间观念也体现在一些文学著作和民间俗语中，如"Time and tide wait for no man"（岁月不待人）。直线型时间观念使西方人总觉得时间去而不返。

2. 中国的多元时间观念与西方的单元时间观念

"多元"与"单元"是美国心理学家霍尔（Hall）根据中西方不同的文化传统对时间观念进行的分类。中国人具有多元时间观念，西方人则具有单元时间观念。我国传统的时间观念认为，时间是由无数短暂瞬间组成的，这一观念体现在人们在一段时间内可以同时处理多项事务。相反，西方人眼中的时间像一条线，在单一时间内只能做一件事。

（二）空间观念

空间观念是指人们在日常生活中长期形成的一种惯常认知，是人们根据个人经验和习惯而对交往空间所形成的一种认识和约定。

1. 交往距离差异

交往距离（communicative distance）又称"近体距离"（proximity），即交往中彼此之间保持的空间距离。中西方因地理环境、社会情况等方面的差异，使其对人际交往的距离有着不同看法。

2. 空间取向差异

空间取向（space and orientation）是指交际各方在交往中所取的空间位置、朝向等。一般情况下，最能反映空间取向问题的就是座位的安排。在日常生活中，人们常常会遇到的座位安排问题有教室座位安排、就餐座位安排和会谈座位安排。

教室的座位安排。对于教室的座位安排，中国的桌椅摆放充分体现了中国肃穆、严谨的教学理念。而西方教室的座椅摆放比较随意，常将书桌摆放成马蹄形、圆形、扇形、整体传统式、分组模块式等。

就餐的座位安排。对于就餐座位的安排形式，中西方是基本相同的，即桌首位置通常坐最高长辈，其他人分坐桌子的两侧。在筵席餐桌的安排上，中西方对就餐座位安排的方式还存在一定的不同之处。中国人以面南（或朝向房门）为上、面北（或背向房门）为下，而西方人安排餐桌座位通常以右为上、左为下。如果有夫人出席时，西方人以女主人为主，让主宾坐在女主人右上方，主宾的夫人坐在男主人的右上方，主人或晚辈坐在下方。

会谈的座位安排。在一些正式场合中，中西方的座位安排是基本相同的，均是右为上和面向房门为上。但在一些非正式场合中，西方人总是彼此呈直角或面对面就座。如果同坐一侧，就表明两人关系十分密切，通常是夫妻、恋人或密友。

3. 领地意识

领地意识（territoriality）即描述所有生物对自己领土属地或势力范围的占有、

使用和保护行为的术语，特别指人们在交往过程中维护个人领地范围及其所有权的观念。"领地范围"一词，意指满足个体在生理、社交与心理等方面需求的空间，以确保其安全感、自由性及完整性得到维护。领地范围包括个人领地，也包括公共领地。个人领地指个人独处和生活的范围，如住房、卧室、个人用品等；公共领地指家庭成员或社会（学校、工作单位、公共场所等）成员所共同拥有的场所、设备、设施等。

二、思维模式差异

语言是思维的外衣，思维影响着语言。如果学生对英汉思维差异没有深刻的了解，这将会给其跨文化交际带来困难，造成语用失误，直接影响跨语言文化交际的效果。

（一）中国的整体思维与西方的个体思维

1. 中国的整体思维

整体思维作为一种认知模式，立足于全局视角，对事物的特性和属性进行深入剖析。这种思维方式融合了各个层面的因素和影响，强调系统性和综合性，使其在认识事物时能够俯瞰全局，形成印象时注重事物的完备性和相互间的有机联系，进而使所得印象更具系统性。

中国人普遍采用有机自然主义的哲学思想，这在很大程度上塑造了他们的哲学思维模式。中国传统哲学倾向于运用整体思维方式和语言表达，更注重采用概括性陈述来表达思想，而不是过分强调细节和具体情况。这种思维方式强调整体思考和全面探索，更加注重对深入理解的追求。通过这种方式，人们可以理解事物之间的关联性和相互作用。中国文化重视"天人合一"的理念，认为人类和自然环境是息息相关、相互依存、需要维护和谐平衡的。这种思想认为，只有通过与自然的和谐互动，并尊重自然的规律，才能实现可持续发展和社会稳定进步的目标。因此，中国人强调人与自然的和谐共生，并追求人与自然的统一。这种有机自然主义的哲学思维模式不仅在中国文化和哲学中有所体现，也在其他领域，如艺术、医学和生活方式中有影响。它强调整体性思维、综合性思考和对自然的敬畏，为中国人的价值观和行为模式带来了深远的影响。

2. 西方的个体思维

个体思维模式是一种将事物逐步分解成各个部分的认知方式，通过对每个部分的深入了解来逐步认识整体事物，并最终形成对整体的全面认知。

在西方哲学中，注重将世界进行分类，以利用理性分析揭示世界多样且矛盾的本质。天人相分的思想认为，人类应该处于自然界的核心地位，可以应用自身的力量改造和支配自然界，实现自己的目标，这反映了西方文化中个人主义的价值观和人类对自身能力的自信。个人的影响力和人际互动在西方文化中非常重要，精确的表达以及结构和规则的制约也被重视。在西方哲学中，注重级别逐渐提高、逐步完善的过程，倾向于从局部到整体的转变，并强调单一元素向多元素的转变。这展现了西方文化中个体思维的特征。西方哲学倾向于比较、分析物质和精神、主体和客体、主观和客观等领域，并注重解释相互对立的概念。这反映了西方文化中逻辑思维的重要性。

3. 整体思维与个体思维在语言中的表现

在汉语中，对时间和空间的表达顺序主要从整体到局部，即从大的单位到小的单位。例如，对时间的表达顺序为年、月、日、时、分、秒。西方在表达时间和空间概念时一般是从局部到整体、从笼统到特殊的顺序。英美人表达时间时通常采用的顺序为分、时、日、月、年。

（1）时空差异在语言中的具体体现

一些体现中西方整体与个体思维的语言：词汇，如"大小""远近""粗细""深浅""岁月"等；短语，如"事无巨细""粗枝大叶""长吁短叹""分秒必争"等；句子，如"静静的这乡村躺在月光下面，静静的这小河躺在月光下面"等。

英语中对于类似的表达与汉语的逻辑顺序正好相反：短语，如 elementary, secondary and tertiary school（大中小学），man and boy（从童年到中年）等。句子，如 Ba Jin was born in 1904 into a big landlord family in Sichuan Province in China（巴金 1904 年出生在中国四川省的一个封建地主家庭）。

（2）对事物命名的差异

中西方对事物的命名也充分体现了整体与个体思维的差异。

汉字是依靠字体的形态表达含义，所以，其对事物命名时趋向于使用相同的偏旁部首。动物的命名基本都带有偏旁"犭"。例如，"猪""狗""狼""猫""狐狸"等。植物的命名大都带有偏旁"木"。例如，"柏树""松树""桦树""柳树""杨树""桃树""杏树""栎树"等。与水有关的字基本都带有偏旁"氵"。例如，"冰""冻""沪""漂"等。与草本植物相关的字基本带有偏旁"艹"。例如，"芋""芍""苣""芹""芥"等。与语言相关的字基本都带有偏旁"讠"。例如，"说""话""论""讨""议"等。与衣服有关的字基本都带有偏旁"衤"。例如，"袜""裤""袖"等。

英语的造字构词多采用个性化的手段，通常针对每个事物自身的属性以及特点来命名。动物的命名，如 cat（猫）、dog（狗）、wolf（狼）、fox（狐）、lion（狮）、pig（猪）、monkey（猴）等。花的命名，如 daffodil（黄水仙）、chrysanthemum（菊）、magnolia（木兰）、yucca（丝兰）、orchid（兰花）、freesia（小苍兰）、begonia（秋海棠）等。

（3）构词上的差异

在构词上，中西方也存在一定差异。汉语通常会先确定总类别，然后再做细分。草本植物可分为花、草、菜等几大类。一种类别的词通常采用复合法来构造。花卉类的词语的结构通常在具体的种类后加上一个"花"字构成。例如，"菊花""兰花""牡丹花""喇叭花""桃花""月季花"等，草类的名字。例如，"兰草""茅草""海草"等，各种蔬菜类的名字如"韭菜""青菜""白菜""芹菜""蕨菜"等。英语的构词法通常是以词根和词缀来构成的。

（二）中国的形象思维与西方的抽象思维

1. 中国的形象思维

在中国传统的思维方式中，人们倾向于采用形象思维来表达和理解各种问题。形象思维以感知为基础，通过整体性和直接性来探寻认知对象的本质及规律。通常情况下，人们会将外部客观事物的形态与其相关记忆紧密联系，进而展开分析和思考。例如，中国汉字中有很多象形文字，如"山"，它的字形很容易使人们在脑海中勾勒出它的形象。

2. 西方的抽象思维

西方人的思维更强调理性知识，提出用大量实证的分析得出科学、客观的结论。也就是说，西方思维是与外部世界的客观事物相互脱离的抽象思维，有着浓厚的实证、理性和思辨的色彩，注重形式分析和逻辑推理。这种思维的形成受印欧语系语言特征的影响较大。西方语言中的文字属于拼音文字，单词是它的最小语言单位，是由没有意义的字母连接起来的，再通过单词排列组成短语、句子和篇章。词语、句子等的组合，均是以线形方式进行的，缺乏象形会意的功能，如单词"hill"只具备词义性，缺乏事物的形象性。

3. 形象思维与抽象思维在语言中的表现

（1）用词差异

汉语偏重具体思维，多用具体的形象描绘抽象的内容。这一点从汉字的特点就可以看出，很多汉字的形状都是由具体的形象简化而来的。例如，"门"字就像是现实生活中的一扇门。汉语中的词对客观事物的抽象反映也与其形象相联系，以显示其具象性。例如，"吃醋"一词，表示"忌妒"。而"忌妒"是一个抽象词，想要从字面上理解它的含义很难，所以，用"吃醋"的典故做比喻，就将原本抽象的概念变得具体了。

英语偏重抽象思维，这使得英语中经常使用抽象的表达。抽象名词含义较为笼统，具有概括性，有时会给人一种晦涩难懂的感觉。但是，这种特点更有利于表达一些微妙的感情或思想变化。

例如：The trunk was big and awkward and loaded with books.But his case was a different proposition.（那个箱子又大又笨重，装满了书。而他的箱子是另外一回事。）

例句中的"proposition"一词语义抽象，英汉词典所列的释义均不可照搬，对其含义的理解较为困难。在汉语表达中根据上下文语境，可以将"But his case was different"译为"可他的箱子不同"，变抽象概念为具体含义。

在英语中多使用抽象的概念，而汉语中则多采用具体的概念。

例如：Mark her professions to my husband.Can anything be stronger？（你听听她对我那可怜的丈夫说的话。还有比这更肉麻的吗？）

（2）句法表达形式差异

汉语的具体思维模式强调的是一种含蓄美，含而不露，所以，汉语的魅力也就在于它"只可意会，不可言传"的意境。也就是说，汉语表达不一定非要显山露水。汉语通过运用词语或句子的引申意义或联想的逻辑关系，来表达一些深层含义，而不是依赖于本身的语言形式。这进一步体现了汉语非常注重意义的特点。英语中思维的抽象特性可以体现在其理性分析上，英语语言注重形态明示和工整的结构。英语注重语言的整体连贯性以及其衔接，英语句子的衔接和句子含义的转折都是依靠连词实现的，所以，英语中的连词要比汉语中多很多，这也是英语句子重形合的具体表现。

概括地说，英汉两种语言在句子结构连接方式差异上的表现是：英语句子之间的关联，包括并列句、主从复合句、转折句等，均用连接词表明连接关系；汉语句子之间的连接主要依靠语言的内在含义的连贯性，极少使用连接词。

例如：He is not honest, so he is not fit to be a cashier.

该例中的 so 表示"某个原因导致的后果"。在英语中，要表示因果关系就要使用 so，但如果将这句话翻译成汉语时还保留 so，那么译文就是："他不老实，所以他不宜当出纳员。"从汉语的表达习惯来看，"他不老实"就可以说明"他不宜当出纳员"，"所以"在句子中显得很多余。因此，翻译时可以将 so 和作为共同主语的 he 省略，译为："他不老实，不宜当出纳员。"

再如：老师在等我，我必须走了。

该句子的因果关系是内在的，根据汉语表达习惯，带有因果的句子中不用强调说出"因为""所以"。但是，如果要将这句话翻译为英语时就要考虑使用连词来表达因果含义。如果不考虑表明两个句子之间的联系，则将其译为："My teacher is expecting me, I must be going now." 根据英语的表达习惯，一个句子中不可以出现两个主语、两个谓语。而应将句子改译为 "My teacher is expecting me, so I must be going now" 或 "Because my teacher is expecting me, I must be going now"。英语中用于表达因果关系的 so 或 because 是必要的，只有使用恰当的连接词，才能将英文句子各部分之间的连接关系表达清楚。

英语中经常会出现长达 100~200 个单词的英语句子，有时一句话就是一个段落。但是，不论英语句子有多长，其结构有多复杂，所有的成分都与句子的中心成分之间保持着密切的联系，句内、段内之间总是条理清楚、逻辑有序的。

（三）中国的主体思维与西方的客体思维

"主体"和"客体"是哲学上的两个概念。其中，主体就是有认识和实践能力的人，在意识上强调以主体为主，以人为本，称作"主体意识"。客体就是主体以外的客观事物，是主体认识和实践的对象，在意识上强调以客体为主，可将其称为"客体意识"。

中国文化以人本为主体，而西方文化则以物本（客观事物）为主体。中国传统文化关注"人道"。这种人本文化在长期的积淀中形成了中国的主体思维模式。在西方的物本文化中，人们注重对自然客体的观察与研究，如英国思想家培根推崇"知识就是力量"，古希腊哲学家亚里士多德认为"求知是人类的本性"等。可见，西方人在认知时通常将自然当作焦点，并对它进行不断的认识和探索，最终达到征服自然、主宰宇宙的目的。西方的客体思维模式也就是在这种物本文化的长期积淀中逐渐形成的。

中国文化注重主体意识，西方文化则注重客体意识。这两种思维模式的差异在语言上也有所体现。由于汉语注重主体意识，所以句子中经常用有生命的人和动物来充当主语；英语则常用无生命的物体或抽象概念充当主语。

例如：While price cuts are a boon for consumers, the lack of pricing power is a key reason corporate profits remain anemic.（虽说降价对消费者来说是件好事，但是企业无力自主定价，降价是利润摊薄的一大原因。）

三、中西语言表达的不同

英汉语言表达上的差异体现在诸多方面，这里仅就其中两个方面加以对比分析。

（一）汉语的分析语与英语的综合语

分析型语言是指不使用形态变化，而是用语序以及虚词等来表达语法关系。综合型语言是指语法手段的表达要依赖于形态的变化。汉语属于典型的分析型语言，而英语则属于典型的综合型语言。下面就从形态、语序两个方面对英汉语言的分析与综合进行对比。

1. 英汉形态差异

汉语的词汇没有太多的词形变化，所以，这里重点介绍英语形态的变化。形态变化是指词汇层面上词的形式的变化。英语中可以利用词缀的变化进行组词造句，可以将同一个含义用不同的语言形式表达出来。

2. 英汉语序差异

英汉语序的差异主要体现在：汉语习惯将重要信息放在句子的最后，这种语序为典型的"自然顺序"；英语则习惯将重要信息放在句首，开门见山，一语道破，这是典型的"突显顺序"。英语中并不是不使用自然顺序，只是运用突显顺序较多。

（1）句子表达的差异

第一，汉语语序。

一是先叙事后表态。由于中华民族以含蓄内敛著称，所以表现在语言上就是习惯先就事件进行叙述，然后再对该事件发表自己的看法和态度等。

例如：如果一个民族不能自由地决定其政治地位，不能自由地保证其经济、社会和文化的发展，要享受其基本权利，即使不是不可能，也是不容易的。这一论断，几乎是无可置辩的了。(The assertion that it was difficult, if not impossible, for a people to enjoy its basic rights unless it was able to determine freely its political status and to ensure freely its economic, social and cultural development was now scarcely contested.)

二是先原因后结果。汉语的表达习惯采用自然顺序，所以，汉语习惯先描述事件的原因再描述结果。

例如：由于贵国政府的提议，才得以这样快地重新实现访问。这使我感到特别高兴。(I was all the more delighted when, as a result of the initiative of your Government, it proved possible to reinstate the visit so quickly.)

三是先背景后前景。汉语还习惯先列出事件的地点、时间、方式等，之后再自然引出主要信息。

例如：协议书于 1999 年 9 月 1 日上午在广州中国大酒店会议厅签订。(The agreement was signed in the convention hall of China Hotel Guangzhou on the morning of September 1, 1999.)

第二，英语语序。

一是先表态后叙事。当英语句子中既有叙事部分，又有表态部分时，其顺序通常为"先表态、后叙事"。

例如：No one will deny that what we have been able to do in the past five years is especially stalking in view of the crisis which we inherited from the previous Government.（考虑到上届政府遗留下来的危机重重的局面，我们在过去五年里所取得的成绩也就显得尤其显著，这是没有人可以否认的。）

二是先结果后原因。英语对于结果和原因的表达顺序较为灵活，但是其倾向于先表达结果，再说明原因。句子的前面部分为整个句子的信息中心。

例如：Nowadays it is understood that a diet which contains nothing harmful may result in serious disease if certain important elements are missing.（如今人们知道，如果食物中缺少了某些重要的成分，即使其中不含有任何有害的物质，也会引起严重的疾病。）

三是先前景后背景。背景是指与事件有关的时间、地点等次要信息，前景则是指事件的焦点和重要信息。英语习惯将事件的主要信息放在句首。

例如：Quayle has been the brunt of jokes and criticism ever since Bush chose him, seemingly from out of nowhere, as his running mate at the 1988 convention.（1988 年，在共和党全国代表大会上，似乎名不见经传的奎尔被布什挑中，成了其竞选伙伴。从那以后，奎尔一直是人们取笑和批评的对象。）

（2）句子成分的差异

中华民族的文化传统强调"天人合一"和"物我交融"，推崇主体思维并重视个体的感受；汉语文化中通常采用"主体—行为标志—行为—行为客体"顺序来组织思维方式。按照惯例，汉语中的语序是主语优先于状语、谓语和宾语。相比较而言，在英语文化中，更加注重将人物分离开来，以形式逻辑和分析为重点，并且强调个人思维。在英语社会中，惯用的思维模式是将行动的主体、行动的对象以及行动的特征分别表达出来。在英语中，基本的语序是将主语置于谓语之前，再将宾语置于谓语之后，最后加上状语。于是，英语就呈现一种以综合型为主，向分析型过渡的语言。英语语序较为固定，但也不失变化。可见，英汉语言的语序差异主要体现在定语和状语的位置上。

①定语位置

在汉语中，定语的位置通常置于名词之前。相反，英语中定语的位置一般有两种情况：以单词作定语时，通常放在名词前；以短语和从句作定语时要放在名词之后。

单词在英汉句子中作定语时，均放在被修饰词的前面。例如，a just cause（正义的事业）、developing country（发展中国家）等。

在英语句子中，当复合代词，如 some、any、every 和 no 修饰一部分内容时，在英语句子中定语应该跟在被修饰部分后面。

例如：He told me something important.（他告诉我一件重要的事情。）

在英语句子中，当一些以 -able 或 -ible 结尾的形容词作定语，与 every、the only 或形容词最高级连用修饰一个名词时，通常也后置。例如：These are confidential documents not accessible to the public.（这些是公众无法接触到的机密文件。）

在英语句子中，当定语从句和一些分词作定语时，必须后置。例如：The performance given by Class Five won the highest praise of all.（五班同学表演的节目最获好评。）

英语中具有表语作用的形容词，用作定语时要后置。例如：He will be remembered for that one book alone.（仅仅那一本书就可以使他留名于世了。）

在英汉句子中，如果有两个或两个以上的单词定语位于所修饰的名词之前，其顺序也完全不同，需要作出一定的调整。中文通常会将表示强度、大小等具体特征的形容词放在名词后面，把能够揭示事物本质的形容词放在名词前面。而英语通常将能更准确描述事物实质的形容词放置在距离其修饰的名词更接近的位置，或者根据定语和其修饰的名词之间的关系处理其位置。通常，定语和中心词的关系越紧密，其位置也就越近。如果无法判断关系的远近，就按照词的长短排列，长词在后，短词在前。例如，brave hard-working Chinese people（勤劳勇敢的中国人民）、a modern，prosperous，powerful socialist country（繁荣昌盛的社会主义现代化强国）等。

②状语位置

在中文中，为了加强语气，状语可以放在句子的开头或结尾。一般情况下，会将状语放置在谓语之前、主语之后的位置上。而英语中状语的位置非常灵活，通常由构成状语的单词组成的状语可以灵活地放置在谓语动词前、句首、谓语动词后或句尾，具体取决于需要表达的意思。通常情况下，长状语会被置于句首或句尾，而非中间位置，这样做不会改变句子的含义。

例如：You seem never to think of yourself.（你好像从不考虑自己。）

关于状语的语序问题，需要明确：在英语中，通常是先提方式，然后是地点，最后是时间；在汉语中，状语的排列顺序是时间、地点、方式。同时要注意，在英语中，习惯上是按照时间或地点的先后顺序进行排列。而在中文句子中，当含有多个时间或地点状语时，常常会按照从大到小的顺序来排列。

例如：Many elderly men like to fish or play Chinese chess in the fresh morning air in Beihai Park every day.（很多老人都喜欢每天上午在北海公园清新的空气中钓鱼、下象棋。）

（二）汉语的直接与英语的间接

汉语表达多直接、明快，而英语表达则更为间接、婉约。这种差异主要体现在如下方面：

1. 委婉表达

汉语中的委婉语主要涉及生理、生化、人际等。例如，富态（身体发胖，富贵之相）等。汉语以其言简意赅、流畅直接的特点著称，因此，在汉语表达中，使用含蓄婉转的表达方式相较于英语更为少见。这体现了汉语注重直接、简洁明了的表达风格，避免了繁复和晦涩的表述方式。在特定的语境中，英美人常常会使用温和、动听的委婉语。例如：In private I should merely call him a liar.In the Press you should use the words："Reckless disregard for truth" and in Parliament—that you regret he "should have been so misinformed".（私下里我就会干脆把他叫作说谎的人。报刊上你却要用这样的字眼："粗心大意地忽视了事实"，而在议会里——你就要表示遗憾，因为他"竟然得到如此错误的信息"。）

英语通过使用委婉语，可以在不太直接地揭示严峻的社会问题的同时，避免对他人产生语言上的伤害，且仍能保持自身的尊严和风度。然而，对比英汉语言中的委婉语，英语的数量以及使用频率都多于汉语。具体体现在如下三个方面：

第一，官方委婉语。

第二，学校委婉语。

第三，职业委婉语。

2. 含蓄表达

汉语也会采用含蓄的表达方式，但多用作修辞手段。而英语国家的人一般不直接表达某些话语，而是采用间接、含蓄的方式。通过对比，汉语语言更加直截了当，而英语则多用婉转暗示的表达方式。

第一，间接肯定。间接肯定是指用否定的词语，强调反说。这种用反说代替正说的弱势双重否定通常更能产生委婉的效果。例如，用 no small 代替 great，用"It wasn't easy"代替"It was very difficult"等。汉语中也有这种表达方式，如"未尝不可""不虚此行""难免错误"等。在英语中，有时人们会使用否定的表达方式来强调肯定的意思。

例如：He can't see you quickly enough.（他很想尽快和你见面。）

英语也会用带有"多余否定"意义的句子，用否定形式表达肯定的意义。

例如：There was no knowing at what moment he might not put in an appearance, and whenever he did show, it was to storm about something.（他什么时候会出现，是无法知道的；但是无论何时他一出来，总有事情使他大发雷霆。）

汉语里也有一些表达方式，既能表达肯定的意思，又能达到否定的效果，如使用"好不 + 双音形容词"的结构，带着一些惊叹感和程度深，如"好不痛快""好不热闹"等。

第二，低调陈述。低调陈述可以用委婉的措辞将复杂事件描述得相对简略，通过含蓄的表达方式让其显得更为平凡，不引人注目。这种有节制的且漫不经心的表达，往往更带有幽默和讽刺的意味。

第三，委婉否定。委婉否定，顾名思义，是用含蓄、婉转之语来表达否定之意，旨在使言辞更为和缓、得体，充满敬意。这样不仅彰显了言者之谦恭，也有助于降低听者的反感，增进双方之交流与理解。委婉否定主要有转移否定、用肯定形式表达否定意义两种情况。

第四，敬辞和谦辞表达。敬辞用于表扬与他人有关的人、事、物或行为，其核心意图是表达对他人的敬重。与英语相比，汉语中的敬辞和谦辞使用得较为普遍。例如光临（your presence）、拜访（call on）等。谦辞是一种以自我或与自我有关的人、事、物或行为为对象，通过谦虚的方式来表达。例如鄙人（I，me）、愚见（my opinion）、寒舍（my home）等。汉语中敬辞与谦辞的使用，体现了中国人谦虚、恭敬的处世风格。

第五，迂回表达。迂回指的是通过采用更加冗长、复杂或含糊的措辞来表达原本简明的意思。例如 by virtue of（=by/under）、in a manner similar to（=like）等。实现迂回的表达还可以使用被动式和非人称表达。

例如：The problem was referred to the chief of police for his comment, and under date of March11 this office was advised that as a result of his conference with the officials having jurisdiction in the matter, it was concluded by them that it would be impractical to set aside spaces for parking on Peter Avenue.

这段迂回、啰嗦的话，如果改用人称和主动式，将会更加简洁。

例如：We asked the chief of police about parking on Peter Avenue.On March 11, we learned that he talked to other officials, who recommended against it.

（我们向警察局长咨询了彼得大街的停车问题。3月11日我们获悉，他已经向其他官员谈过此事，他们都不同意在此街腾出空位以供停车。）

英语具有名词化和抽象化特征，因此，常常采用迂回的方式表达意思。相较于迂回曲折的表达方式，汉语更倾向于使用具体明确的语言，反对含糊其辞。

第三节　英汉语言的形、音、义对比

文字是记录语言的符号，用一定的形体来记录一定的语音和表现一定的含义，从而形成形、音、义的组合表示符号。任何语言也摆脱不了形、音、义之间的逻辑关联，但是，由于语言产生和发展的背景和环境不同，其形、音、义之间的逻辑关系也存在差别。

一、英汉语言中形、音、义的关系

一般来说，语言的形、音、义应遵循一一对应的关系原则：一个音只有一种形体，只表示一个意思；一个形体只有一个音，只表示一个意思；一个意思只用一个音和一个形的组合符号。语言中多数词语有文字记录，我们往往更注意它们字义的历时连续性，而忽略语素义的时代性、地域性和集团性。语言的发展受到多种因素的制约，由于语言产生的背景、发展的历程不同，因此各自存在独特的形、音、义的关联特点。就英语和汉语来说，也是如此。

英语属于拼音文字，其文字的形、音、义之间并不具有明显的关联性。而汉语属于表意文字，因而汉语文字的形、音、义之间的关联性明显。在汉语体系中，汉字作为其重要的组成部分，具备形、音、义三大要素。三者相互依托、相互渗透，构建起一套完善的汉字体系。尽管历经千年的演变，汉字在发音、形态及含义方面均有所变化，但其核心特质始终如一，形、音、义之间的内在联系始终得以维系。在汉字的形成过程中，其形状的设计总是以一定的基础形式作为参照。汉代学者许慎，根据小篆字形的特性，将汉字细分为多种类型，包括通过形态展现意义的象形字、由多个部分组合而成的会意字、由图形上对应的事物或物体的形状来表示意义的指事字、既表音又表义的形声字等。英汉两种语言在各自的文字中反映出自身的形、音、义的关系特点。

（一）形与音的关系

语言是由形与音组合而成的表意符号。虽然语言是先有语音符号，后有形体符号，但是真正的语言是语音符号和形体符号的组合体。离开语音符号的书写符号不能成为语言，只能称作图画；离开书写符号的语音符号也不能成为语言，只能称作物声。任何语言中都有形与音存在关联的词，主要包括异形同音词、同形异音词、同形同音词等。英语和汉语作为比较发达的语言，都存在各自独特的形与音的关联。

1.英语形与音的关系

在英语中，词形与读音之间存在一定的独特关联性，主要表现在词形的长短决定其读音的长短，词形越长，读音越长。英语词形最短的只有一个字母，如"I"，最长的单词无法确定，据说有些单词由几百个字母构成，有的甚至更长，但在词典上能查阅出来的单词，达到了 45 个字母。

2. 汉语形与音的关系

在汉字的古文发展阶段，一些字的字形并不直接反映其发音，这涵盖了会意字、指事字和象形字等多种类型。因此，这些文字的形体与语音之间不存在直接关联。尽管假借字的使用与语音有一定联系，但它们实际上是借助同音字，而非依据字形。直至形声字的出现，汉字的形体与语音才开始形成紧密的联系。这是因为形声字的创造使得汉字的形体和发音能够对应起来，进而赋予汉字形体以表音功能。

（二）音与义的关系

语言学理论通常认为，语音和语义之间没有必然的联系，因此，可以随意地组合这两个元素。换句话说，语言的音和意义并不是必然相对应的。因而，所有的概念都可以以任意的声音来表达。根据西方主流语言学的结构语言学和形式语言学理论，说话的符号和它们所代表的意义没有必然的联系，因为发音与意义之间的关系是任意的。尽管拟声词和语音象征等少数情况存在音与义的关联，但它们并非语言的常规形式。然而，因为社会长期以来的惯例，某个具体的语言符号已被约定成用于代表特定的事物、行为或概念，这些符号在语言体系中已经建立了一定的联系。任何语言都是通过音与形来表示含义的，因此，语言中的音与义之间必然存在一定的关联。如果只有含义，没有声音和形态的载体，含义的传递就无法实现。

在各种语言体系中，音与义的关系在表现形式上既有共同之处，也存在差异。就英语和汉语来说，拟声是共同之处。如表示事物掉进水里的声音，汉语中有"咕咚"，英语里有"splash"；表示狗叫声，汉语中有"汪汪"，英语里有"bark"等。但是在英语和汉语中音义表现形式的差异较大，英语通常是通过音素来表现词义的关联性，如 contact、contract、contrast、connect 等都有表示"共同"含义的前缀 con-，因此，它们的含义都有"交互"的含义。而汉语除了拟声词，汉字的音义关联主要是通过形与声组合与分工来实现的。如汉字"嫁"，由"女"和"家"构成，通过分工各自执行自己的功能，"女"为形符，表示行为的执行主体，"家"为声符，表示"嫁"读"家"音，组合起来表示"嫁"，即从此以后就是"该女的家"。

1. 英语音与义的关系

英语属于拼音文字，其音与义之间的关联较为密切。英语中音义联系的表现形式主要有拟声、音素等。

拟声（onomatopoeia）是音义的直接模仿，拟声词提示了它与事物所共同拥有的特征。如人的笑声"ha-ha"（戏谑或嘲讽的笑声）、"giggle"（紧张时的笑声），表示动物拟声"meow"（猫叫声）、"bray"（驴叫声）、"hum"（黄蜂发出的声音），表示自然界的其他声音，如"crack"（树枝等突然折断的声音）、"patter"（急促的雨点声）等。

音素（phoneme）是指由词素以下的一个音素或一组音素所构成的词，具有某种相似的含义。如英语中 glare、glow、gleam、glimmer、glint、glimpse 等词的词义都与"闪光"有关，比较就可以发现，这些词都是以"gl"开头的。再如，bump、clump、chump、dump、hump、lump、plump、stump、thump 等词的词义都与"臃肿所造成的迟缓"有关，通过比较就可以发现，这些词都是以"ump"结尾的。

2. 汉语音与义的关系

汉语属于释义文字，音义关系表现明显的是形声字，其形符表意，声符表音，分工明确，即汉字的表意功能主要是通过汉字的形符来实现的，其声符主要承担其含义的指向确定功能。例如，珥为一种耳饰，由耳和玉组成，"耳"为声符，"玉"为形符，表示高贵的耳用饰物。随着时间的推移，中国人越来越注重表达的规范性，所以，在使用象形字和会意字时，为了增强表意和表达的清晰度，发明了许多新的形声字，并且开始使用提示符。因此，有些发音符号既具有发音功能，也承担着表示意义的作用，与形声字的表示意义相关联。如"证"（證）由"登"加注提示符"言"，即"以登录或者记载的话语为凭据"；"暮"由"莫"（草）加注提示符"日"，即"日被矮小的草遮挡"。

（三）形与义的关系

在语言体系中，形与义的关系比较密切。无论英语还是汉语，字形或者词形总能体现一定的含义。在英语中，词根和词缀具有一定的表意功能；在汉语中，有很多词素（字）都具有表意功能。

1. 英语形与义的关系

英语的形与义之间也存在一定的关联。在英语中，"形"实质上就是构词的词根和词缀，一定的词根和词缀表示一定的含义。例如，词根 dict 表示"话语"的意思，由其构成的词都与话语的含义相关联，"dictate"（听写）、"dictum"（格言）、"predict"（预言）、"dictograph"（侦听器）等。再如，词缀 -ant 表示"某类人"，"merchant"（商人）、"servant"（服务员）、"applicant"（申请人）、"assistant"（助手），或者表示"物质具有某种性质"，如"tolerant"（容忍的）、"assistant"（辅助的）、"ascendant"（上升的）、"accordant"（和谐的，一致的）等。

2. 汉语形与义的关系

许慎在《说文解字·叙》中说："仓颉之初作书，盖依类象形，故谓之文。其后形声相依，即谓之字。"[①] 由此可见，汉字是据义而造形的，形与义之间关联密切。例如，汉字"鲜"是由"鱼"和"羊"组合而成的，表示鱼的"腥"味和羊的"膻"味的混合味，是一种嗅觉和味觉的综合感受，在英语中没有与汉语"鲜"的意思对应的词，只能用 smell good（嗅觉）和 delicious（味觉）共同使用来表达。

汉字产生之初，其形体与意义的关系就有着简单而直观的关联。古代很多汉字的形体具有相当直观的表意性。如汉字"门"（門）、"目"就是事物"门"和眼睛的直观反映，这从甲骨文到小篆，再到楷书的演变可以看出。用图案或图形来传达意义的符号被称作形符。在汉字早期，很多字都是直接通过形状来表达意思，因此，使用了很多象形字和形符。汉语中存在一些能通过形状、轮廓来表达具体含义的字，包括指事字，如"下、木、上、本"等，以及具象字，如"鸟、月、鱼"等；有合形会意的会意字，如"武"，从戈从止，止通趾，即戈下有足，表示人拿着武器走，有征伐或显示武力的意思，又如"劣"，从少从力，表示品质低下、弱小。

随着汉字的演变，其象形程度逐渐降低，形符的表意功能也逐步削弱。因此，人们开始通过形符所代表的原意来推断字义。在这一过程中，字符依靠其本义来

---

① 许进雄. 文字小讲 [M]. 长沙：湖南文艺出版社，2021.

传达意思，这种符号被称为义符。自春秋时期之后，涌现出大量由义符组合而成的表意字。通常，形声字是由意义相关的偏旁部首和与表音相关的部分共同构成的。由于汉字的方块形态限制，有些字的形态会在隶书阶段发生分化，这是由于其构成部位不同造成的。

以字形表意为标准来看，字形与字本义的关系是一致的。比如，象形字"马"的意义始终未发生改变，将"马"作为意符组成了"骏、驭、驰、驯、骑"等形声字，都与"马"的意思有关。在处理那些以"马"为部首的汉字时，只需理解"马"的意象，便可洞察这些汉字所关联的词汇与马的联系。这一方法对于深入理解相关词语的含义具有重要意义。汉字通常可以通过字形来推断出字义和词义。例如，熬→放＋水：表明与水相关，是水煮的烹调方法。

随着时间的流逝，汉语的字形和字义之间的相互作用也在发生着变化和发展。在古代汉字时期，字形和原始含义之间的联系是决定字的意义的主要因素。在当代汉字中，字形和常见的现代解释之间的联系更加紧密。举个例子，在古代汉语中，"骄"（《说文解字》中解释为"马高六尺为骄"）和"骗"（《集韵》中解释为"跃而乘马"）的含义都与马的属性紧密相关。在现代汉语中，"骗"和"骄"在词语"欺骗""骄傲"中的含义都与"马"的意思无关。

二、英汉语言的形变、音变和义变

随着社会在进步，语言中原有的字（词）义已经不能适应社会发展的需要了，因此，出现了分化和演变，包括字（词）义的变迁，字（词）音、字（词）义的分化，乃至字（词）形的增删等。在语言的发展演变过程中，主要产生形变和义变，音变发生的概率比较小。

（一）英语的形变、音变和义变

英语在其形成和发展阶段，受外来民族的语言影响，在形、音、义等方面尚未稳定，出现的变化比较大。在英语独立后，其形变、音变、义变主要体现在民族性和地域性方面。例如，美国英语和英国英语在词形、读音和表义上存在一定的差别。

（二）汉语的形变、音变和义变

汉语产生之初是以托义于形、取义择音、构形表义的方式来实现的，事物与字（词）通常是一一对应的关系。随着社会的发展，原有的字词远远不能满足社会发展的需要，为了适应信息传承的目的，人们开始以借用等方式来扩大原有的字（词）义，最常见的是古今字。形变在汉语中体现在两个方面：一是体变，二是形变。

与义变并行的形变是指以古今字为主体，通过跨领域、跨行业借用和转化的方式发生的汉字形体的变化。在汉语中以古今字形式出现的形变和义变的情况比较常见。古今字是指同一含义在古今由不同的字（词）来表示，产生较早的叫古字，产生较晚的叫今字。例如，"昏"字，其本义是指"黄昏时分"，即天刚黑的时候。由于中国古人有在黄昏时分举行婚礼的习俗，因此它有了"婚姻"的引申义。再如，"宴尔新昏，如兄如弟（《诗经·邶风·谷风》）"这里的"昏"也是"结婚、婚姻"的意思。后来将婚姻的"婚"添加了一个女字旁以示区别，从而各自独立表意了。

汉字的形变增强了汉字的符号性，义变复杂了形与义的关系，音变则弱化了汉字的表音功能。在进行语言间的转换时，要充分利用语言的内在形、音、义关系特点，实现合理、合规、合适的语言转换。

综上所述，语言文字在形、音、义上必然存在一定的关联。但是在不同的语言中，形、音、义之间的关联在表现方式上存在一定的差异，也有各自语言不可替代的特点。了解它们的共性和个性差异，充分发挥语言内部的特点优势，以克服和化解语言间的矛盾和冲突。

三、英汉语言词汇形态对比

词汇的形态对比主要体现在构词法上。常见的英语构词法主要有复合法、拼缀法、派生法、缩略法、转化法、逆成法等，常见的汉语构词法主要有重叠法、拼缀法、缩略法以及复合法。汉语的词汇一般是由多个语素构成的，更倾向于复合法；英语偏向于词的屈折性，英语的词汇可以通过词的屈折变化来表示词义或者语法的变化，因此，英语构词倾向于派生构词法。下面从词缀构词法和复合构词法两个方面对英汉词汇形态进行对比。

（一）词缀构词法

1. 英语词缀构词法

前缀构词法是在词根基础上增加前缀，词根一般有名词、形容词、动词等，词缀一般以否定词缀为主，如 mis-、in-、dis-、non- 等，举几个简单的例子来说明一下。

名词前缀构词：mis+management=mismanagement，dis+pleasure=displeasure，un+con-cern=unconcern。

形容词前缀构词：non+native=non-native，il+legal=illegal，dis+orderly=disorderly。

动词前缀构词：in+activate=inactivate，mis+judge=misjudge，dis+agree=disagree。

除了否定前缀，常用的前缀还有 de-、inter-、pro-、sub- 等，构成的词有 international、proverb、subdue 等。通过这些例子可以看出，前缀构词法一般情况下是改变词的意思，但是词性没有改变。

后缀构词法是在词根的基础上加上后缀，增加了后缀之后，词的词性和意义都发生了变化。下面举几个例子。

加后缀 er/or 表示"……者 / 人或者……物"：teach（动词"教书"）+er=teacher（名词"教师"），bestsell（动词"畅销"）+er=bestseller（名词"畅销书"）

加后缀 ism 表示"……主义或者……学说"：spiritual（形容词"精神的"）+ism=spiritualism（名词"唯心主义"）

加后缀 ness/ment 一般构成名词：ill（形容词"生病的"）+ness=illness（疾病），agree（动词"同意"）+ment=agreement（名词"协议"）。

综上所述，英语词缀构词法处理了词根、前缀、后缀之间的关系，也是学生记忆单词、理解句子的一把重要钥匙，学生要记住成千上万的单词是很困难的，但是如果掌握了这些构词的方法，记住单词就简单多了。

此外，英语名词可以分为可数名词与不可数名词，名词不可以作谓语。英语句子必须有动词，动词是句子的核心，表达着不同的语法意义，因此，动词会有人称、数、时态、语态、体态等变化。英语形容词作名词的定语修饰语，可以放在名词的前面或后面，并且不需要连接词。英语中介词很多，几乎所有的介词都可以和其他词语进行搭配使用，因此，英语中拥有大量的介词短语，形式一般是"介词+X"形式。另外，英语中有相当数量的动词短语，一般是双语素动词和三语素动词。在倾向性方面，英语常常使用笼统的抽象名词，因此，英语语言呈现一种"虚"的特点。

2. 汉语词缀构词法

汉语中也有词缀构词法，它的意义与英语类似，主要是在表示意义的词根的基础上增加意义的词缀。但是，汉语中词缀的数量很少，而且加缀情况并不固定，因此，应用并不是很广泛。汉语中的词缀构词主要有前缀、后缀和叠音后缀三种，下面通过几个例子具体看一下汉语中的词缀构词法。

第一，前缀构词：词缀+词根，如阿哥、老虎、小王等。

第二，后缀构词：词根+词缀，如胖子、桌子等。

第三，叠音后缀：词根+叠音词缀，如红澄澄、暖洋洋、热乎乎等。

从汉语意义上来说，这些词缀是可有可无的，但是增加了这些词缀会使语言更通俗易懂，因此，词缀在汉语中也是非常重要的。

此外，汉语名词可以分为集体名词、抽象名词等，没有数的变化，但是可以充当谓语。汉语动词不是造句的核心部分，也不是汉语句子中必需的成分。汉语形容词作名词的定语只能位于名词前面，并且需要连接词，如"的"等。汉语词语一般有固定的格式，尤其是以三字格和四字格为主。例如，打水漂、励精图治、如影随形等。与英语不同，汉语比较注重用具体的词语表达抽象的意义，因为抽象词语晦涩难懂，而具体的词语比较朴实、平易。

（二）复合构词法

1. 英语复合构词法

英语的复合构词法指的是运用两个或者两个以上的词按照一定的顺序构成新词的方法。既然按照一定的次序进行排列，那么词的构成必然会受形态的影响，一般情况下，会根据后边的词来确定词性。

例如：

复合动词：housekeep（管理家务），overload（超载）。

复合名词：setup（机构），comeback（复原）。

复合形容词：one-eyed（独眼的），second-hand（二手的），English-speaking（讲英语的）。

复合副词：whereupon（依据），nevertheless（然而），downstairs（在楼下、往楼下）。

2. 汉语复合构词法

汉语的复合构词法和英语有相似之处，同样可以构成动词、名词、形容词、副词，而且可以构成代词、连词等。但是汉语是由语素构成的，构成的新词不仅是从词性上来分类，更重要是从语素之间的关系来分类，即动宾关系、主谓关系、并列关系等。

例如：

动宾关系：举重、跳舞、施政等。

主谓关系：心疼、头痛、国营、自卑等。

动补关系：交完、展开、开发等。

偏正关系：双杠、雪白、鸟瞰、海归等。

时间关系：先后、朝夕、古今、早晚等。

在现代汉语中，除了以上几种构词关系，还有特殊的联合构词法和重叠构词法。重叠关系就是由两个词根相同的词组成的词语，如哥哥、姐姐、奶奶、刚刚、仅仅等。联合构词是由两个意义相同、相反或者类似的词组成的汉语。以下举例说明一下联合构词的三种类别：

第一类，同一联合，即意义相同，如文学、贸易等。

第二类，反义联合，即意义相反，如异同、始终等。

第三类，类义联合，即意义类似，如针线、尺寸等。

通过对以上构词法的研究，学生可以熟练掌握英汉复合构词的要素以及要素之间的排列次序，从而提高英汉词汇学习效率。

四、英汉语音对比

人类的语言是以语音的形式来体现的。世界上存在无文字的语言，但没有无语音的语言存在。语音，即语言的声音，是语言符号系统的载体，是指由人类发音器官所发出的具有区别意义功能的声音，是具有表达、传递和记录人类思维活动功能的意义符号体系。语言虽是一种声音，但又与自然界的各种声音有着本质的区别。

（一）英汉语音的体系构成

1. 汉语语音体系的形成及其构成

汉语的字音是由声母和韵母按一定规律搭配拼读而成的。汉语拼音经过了一段漫长的发展过程。在古代，人们通过口耳相传的方式教授常用汉字的发音，而没有像现代这样使用拼音进行标注。例如，汉字"肇"的发音被注释为"兆"（《尔雅》）。最早的汉字注音方法是用一个比较常用的字来表示某一个字的发音。这种方法在中国最早的字典《说文解字》中被叫作"读若某"，比如，珣，读若宣。后来，该方法进一步发展，形成直音法，比如，"拾，音十"。该方法更简易、更准确，不像读若法只求近似。到了汉朝末年出现了一种叫作"反切"的方法（也叫作"反语"）。反切是一种双拼方法，即用第一个字的声母加上第二个字的韵母来拼读出这个字的读音。例如，"旱"，标注成"好炭切"，即取"好"字的声母，取"炭"字的韵母进行拼读，形成"旱"字读音。反切法比起直音法有很大的进步，也是汉语音韵学的开始。自此，反切法一直在字典中被用来为汉字注音。

2. 英语语音体系的形成及其构成

英语单词由 26 个字母按照一定的规则组合而成。15 世纪以前，英语在英国只是民间使用的语言。在英法"百年战争"期间，英语的地位得到了回归和提升。到 15 世纪，英语的拼写已经相对稳定了，但语音经历了许多巨大变化。现代英语语音的发展通常认为开始于 14 世纪，大体完成于 15 世纪中期的元音大推移，使得英语语音初步形成。后来又在英国政府的推动下，确定了以伦敦方言的口音为英语语音的标准化基础，随后在印刷行业的影响下产生了一定的变形，产生了英语"口音"和"方言"等概念。现代英语单词的读音是由 48 个元音（vowels）和辅音（consonants）按一定规律搭配拼读而成的。

（二）英汉语言中的元音和辅音对比

1. 元音

英语的元音相当于（但不等于）汉语的韵母。英语有元音 20 个，汉语有韵母 24 个，加上整体认读音节 16 个，分别是 zhi、chi、shi、ri、zi、ci、si、yi、wu、yu、ye、yue、yuan、yin、yun、ying，合起来是 40 个，是英语元音的两倍。英语单元音有长短之分，汉语没有，发音的音长介于英语长短元音之间。

例如：This is a big fish and it isn't a busy bee.（这是一条大鱼，它不是一只忙碌的蜜蜂。）

句中的单词 This、is、big、fish、it、busy 都发短元音 [i]，只有 bee 发长元音 [i:]。汉语句中的"大鱼""蜜蜂"等，除了有特别的语境或者歌唱表演需要，很少有明显拖长或者缩短的发音方式。因此，节奏感也是学英语的中国人经常忽略的地方。

2. 辅音

英语的辅音相当于汉语的声母。英语有辅音 28 个，汉语声母有 20 个，英汉辅音最大的差别是英语中两个辅音可以相连，而汉语不行。有些音是两种语言都有的，但是发音部位有细微的差别。比如，汉语中的 [x]、[q] 与英语中的 sh、ch 组合的发音，还有 [r]、[h] 在两种语言中的发音。与元音类似，有些辅音是某一语言特有的，英语有而汉语没有，也有汉语有而英语没有的，比如，zh、ch、sh。

英语单词结尾可以是元音或者辅音，汉语的每个字结尾都一定是韵母。

例如：Love means never having to say you're sorry.（爱就是永远不必说对不起。）

句中的英语单词 love、means、having 的发音都是辅音结尾，而汉语中每个字都是韵母结尾。

这意味着什么呢？汉语的字正腔圆、铿锵有力、掷地有声，便于押韵、朗诵和歌唱（诗歌的民族）。

（三）英汉语言中的音节和重音对比

1. 音节

英语的音节由韵头（onset）、韵腹（peak）、韵尾（coda）三部分构成，汉语音节由声母（initial）、韵母（final）、声调（tone）三部分构成。相同的是英汉音节中的核心一般都是元音，必不可少。英语典型的音节结构有 V、CV、VC、CVC，而在汉语的音节结构中，没有 VC 这种类型。在汉语中，一般是一个元音一个辅音构成一个音节，而由于英语可以有辅音组合，所以，在一个音节中，可以有多个辅音，在一个音节中，前面最多可以有三个辅音，音节末尾可以有四个辅音，CCCVCCCC 这是英语音节的极限，如 scrambles。

在汉语中，基本上一个字一个音节；在英语中，一个单词可以有多个音节。世界上最长的英语单词可能是 honorificabilitudinitatibus，这个单词是由 27 个字母组成的，出现在莎士比亚的剧本 *Love's Labor's Lost*（《空爱一场》）里。也有人说是 floccinaucinihilipipification，这个单词是由 29 个字母组成的，《牛津英文辞典》里收录有这个单词，意思是"把某事的价值加以抹杀的行为或习惯"。专业字典里能够查到最长的英文单词可能是 pneumonoultramicroscopicsilicovolcanoconiosis（尘肺病），由 45 个英文字母组合而成。

2. 重音

在英语中，每个单词均具备一个或多个重音音节，而重音所处的位置是固定的，并对单词的语义产生重要影响。重音位置的变动，将会改变单词的词性以及意义。"desert"即为典型例证，当重音在第二个音节时，其是动词，意指抛弃；当把重音放在第一个音节时，则变作名词，表示沙漠。这种重音的变化，使得单词的语义发生根本变化。因此，在英语中正确地掌握单词的重音非常重要，因为它直接影响到单词的意义和词性。如果重音位置发生变化，可能会导致交流上的误解。

短语也是这样，例如，hot dog，重音在第一个音节，意思是"热狗"，一种食物，当重音在第二个音节，意思是"热的狗"，是动物而非食物。green house 重音在第一个音节，意思是"温室"或"大棚"，重音在第二个音节，意思是"绿色的房子"。

相比之下，在汉语中，单字没有重音，词重音偶尔会造成意义的变化。"大意"这个词，可以是名词，如"段落大意"，也可以作形容词，如"粗心大意"，这时后一个字为轻音。

（四）英汉语言中的声调和语调对比

在英语中，语调在句子或短语的表达中起着重要的作用。语调是指声音的高低音变化以及语气的强调和抑扬。对于单个词而言，词义通常不会受到语调的影响。比如，单词"good"的词义不会因为语调的变化而改变。然而，对于由多个单词组成的短语或句子来说，语调的变化可以导致不同的意义表达。通过改变句子的语调，可以传达陈述、疑问、肯定、否定等不同的语气和意图。此外，语调还可以用于强调或突出关键信息，通过改变某些单词或短语的语音强度和音高，可以使其在句子中显得更重要或更突出。

中文是一种声调语言，其基本语音单位是音节或词。每个音节都具备四种不同的声调，这些声调对整个语言的音调产生了深远的影响。在汉语中，声调的变化是区分不同词义的重要依据。词义会随着声调的变化而发生改变。例如，"妈""麻""马""骂"这四个汉字虽然都包含相同的音节 [ma]，但由于声调的不同，因此它们的意义截然不同。在汉语中，句子的语调变化主要集中在句末的最后一个音节，而整个句子的语调变化幅度相对较小。

（五）英汉语言中的语音节奏对比

英语重音音节在时间上大致均衡，因此，被归类为一种以重音计时的语言，其表现为节奏连贯且流畅。英语中的轻音和重音呈规律性交替，虚词的音节相对减弱，而实词则通常受到强调。在单词发音过程中，轻读音节的音调较低，发音模糊且短暂，音节之间可能出现逆读、略读、顺读、连读以及音节同化等发音变化。重读音节的发音更为清晰、突出，持续时间也更长。

在汉语中，以音节为单位计时，每个音节的发音短促且时间相对均匀。汉语的音节是由"声母＋韵母（包括声调）"组成的，每个音节都需要使用特定的声调来区分词义。除了语气词等一些特殊情况，每个音节都需要在几乎相等的时间内明确发音。此外，在汉语中，音节之间的边界需要十分清晰。汉语的音节划分通常以韵母为边界，而声母和韵母之间需要有一定的停顿或断奏，以区分不同的音节。这种清晰的音节边界有助于准确理解和表达词语和句子。

总体来说，在汉语中，元音占优势，没有复辅音（辅音组合）。汉字是单音节，没有重音，英语单词可以是单音节或者多音节，有重音；汉语是声调语言，英语是语调语言；汉语是"以音节计时"的语言，节奏是"断奏音"，英语是"以重音计时"的语言，节奏是"连奏音"。

五、英汉词汇意义对比

受不同文化背景的影响，英汉的词义文化存在明显的差异。美国学者利奇将意义分为七种不同的类型，即风格意义、情感意义、主题意义、反映意义、搭配意义、指称意义、内涵意义。从利奇的观点可以看出，词汇意义不仅指的是概念意义，还包括内涵意义、风格意义等一些联想的意义。在这些意义里面，除主题意义之外，其他都与词汇密切相关。下面就来对比分析一下英汉的词汇意义。

（一）词义的特征

1. 英语词义的特征

英语词义具有灵活性和多变性，因此，多依赖上下文的内容。例如，英语中的 aunt 一词，既可以指"伯母""叔母"，又可以指"阿姨""姨母""姑母""舅母"。因此，想要正确理解这个词的意义就需要理解整句话或者整段话的意义。从英语的一词多义现象可以看出，虽然多义词纷繁复杂，但是相互之间存在着一定的关系。

（1）原始意义与引申意义

在英语词语中，我们熟悉的通常都是引申义，而引申意都源于原始意义。例如，候选人的英语 candidate，其原意是"穿着白色衣服的人"，主要是源于在古罗马时期，竞选人员必须穿白色衣服。

（2）普遍意义和特殊意义

有些词可以指事物，也可以指代事物中的一种。例如，case 这个词，普通意义上是指"事件""事例"，但是特殊意义上还有"病例""病人"这层意思。例如：That is often the case with him.（他往往就是这样。）其中的"case"就是运用了特殊的意义。

（3）抽象意义与具体意义

在不同的句子里面，一个词既可以代表抽象的事物，也可以代表具体的事物。这里以 beauty 为例进行说明。

例如：

She is quite a beauty.（她是一个美丽的女子。）

Her beauty enamored the prince.（她的美貌吸引住了王子。）

从上面两个例子可以看出，beauty 这个词既可以代表具体的"美人"，也可以代表抽象的"美貌"。

2. 汉语词义的特征

汉语词汇意义的主要特征是简明、生动，这主要是由汉语单字搭配的灵活性决定的。汉语词语具有明显的语义繁衍能力。下面以"生"这个字为例来分析一下。

"生"可以衍生出很多词语。其一，一些可以发育的物体并能发展壮大，如"滋生""生长"等；其二，活的事物，有活力的事物，如"生存""生命""生机"等；其三，正在学习的人，如"学生""招生"等；其四，不熟悉的、不常见的事物，如"生疏""陌生"等。此外，还有"生火""生手""儒生"等一系列以"生"为根的词，这些词的意义大不相同。可见，汉语词义是灵活而宽松的，也是丰富多彩的。

（二）指称意义对比

词汇的指称意义，即词语的外延意义，指的是一些词语在句子或文章中具体描述的对象或者在词典里约定俗成的定义。由于历史、文化背景以及思维方式的不同，英汉词语的指称意义也不尽相同。下面将具体对比一下英汉词语的指称意义。

1. 意义吻合

英汉词语的指称意义有些是完全对应的，尤其是专用词汇、技术用语等，如earthquake（地震）、radar（雷达）等。

2. 意义缺位

英汉指称意义部分对应是指词语在各自语言中涵盖的意义仅有一个或者若干个词的词义是相同对应，其他都是不尽相同的，也就是意义缺位现象，如marry（嫁、娶），borrow、lend（同为"借"的意思）。

3. 意义空缺

在英汉词语中，有些英语词汇的所指意义在汉语中找不到合适的词语与之相对应，这就是完全不对应或者对应空缺的情况。在这种情况下，往往都是通过借用外来词进行解释和翻译，如bikini（比基尼）、chocolate（巧克力）。

对英汉词语的指称意义进行对比不难看出，有的词义是完全对应，有些是部分对应，有些是根本不对应。因此，只有对这些词语的意义进行正确的理解，才能在交流中表达正确的意思。

（三）联想意义对比

从狭义上说，词语的联想意义就是内涵意义，是在不同的语篇、不同的上下文使用时所传递出来的特殊信息、情感以及价值等。广义的联想意义还包括风格意义、情感意义、反映意义以及搭配意义等。下面对词语的联想意义进行逐一介绍。

1. 内涵意义

英汉语言都有其存在的内涵意义，即词语在特定含义的基础上产生在人脑中的某种联想。英汉词语中存在大量指称意义相同但是内涵意义不同的情况，如"individualism"的指称意义为"个人主义"，汉语内涵意义为"以自我为中心的行为倾向"，英语内涵意义为"是西方的社会学说，主张个人价值和重要性"。

2. 风格意义

风格意义也称作"文体意义"，这和语言使用的社会环境有关。语言可以反映出社会环境的特征，如英国、美国等国家都在使用英语，但是由于其地理环境等存在差异，因此各个国家所传达的语言实际意义也不一样。例如，firm、company、corporation 这三个单词都表示"公司"或者"企业"的意思，但是它们使用的场合有所不同。firm 一般指规模较小的公司，常用于文学作品中；company 一般指规模较大并带有自己的规模、制度、文化的公司，一般用在较正式的场合；corporation 一般指法人团体或者大的跨国公司，一般用在法律或者公文中。

3. 情感意义

英汉两种语言有些字面意义相同，但其情感意义不同，即褒贬存在差异。例如，dog 这一动物在英语国家人们眼中是忠实的朋友、可爱的动物，因此，与 dog 相关的词语都含有褒义色彩，如 to work like a dog（忘我地工作）、a lucky dog（幸运儿）等。相比之下，汉语中的"狗"一词给中国人带来的情感意义有一些贬义成分，如"走狗""狗仗人势"等词语，这些词往往都带有贬义的情感意义。再如，英语中的 peasant 一词从历史上看带有明显的贬义色彩，代表社会地位低下、缺乏教养的人；汉语中的"农民"虽与之字面意义相同，但是其情感意义大相径庭，汉语中的"农民"指的是那些从事农业生产的劳动者，是最美的人，在情感上富有褒义色彩。因此，在汉译英时将"农民"翻译成 farmer 更合适。

4. 反映意义

反映意义是听者听到一个词时对这个词的反应并联想到的其他意义。英汉词汇中存在许多一词多义现象，当一个词的其他意义构成听者对这个词的反应时，那么这些词义就是它的反映意义。例如，Holy Ghost 与 Comforter 都是"上帝"，但是前者让人感觉敬畏，后者偏向于舒适、安逸。可见，这些词虽然指称意义相同，但是它们的反映意义存在很大差别。另外，英汉两种语言在词义的着眼点上也是不同的，如"名片"（business card）这个词，英语中主要是为了用于商务交往，因此，更看中这张卡片的用途；汉语看中的是名分，因此，更注重卡片的内容。

5. 搭配意义

搭配意义是指一个词与另一个词搭配时引发的联想意义。同一个词，与不同的词进行搭配，所产生的联想也不同。例如，汉语中的"副"这个词大多与职务搭配："副校长""副经理""副教授"等。在英语中，"副"一般被翻译成 deputy、vice、under 等，但是应用到不同的职位上，表达的意义就大不相同。例如，deputy 除了含有"副"的意思，还有"领导不在代行职责"的意思，常与 head、mayor 等搭配；vice 有"代理"意思，常常与 chairman、president 等搭配；under 则强调搭配词语的地位或者权力，常与 secretary 等词语连用。可见，英语强调搭配词语代表的职责、地位等差异，汉语则突出职位。

第四节　英汉语言的句式句法结构对比

由于英汉两种语言所属语系的不同，所以英汉语言在句法结构方面也存在明显的差异。

一、结构对比

在汉语中，句子的排列方式灵活多样，其语义和逻辑关系往往通过含义方面的暗示来表达，而虚词的使用相对较少。英语通过运用各种非限定形式、介词、连词、代词等手法，使各个部分相互呼应，构成一个有机的整体。

英汉语都有简单句和复合句。在汉语中，句子的主谓结构并不是固定的，可以根据需要进行灵活的安排。汉语中谓语动词和非谓语动词之间并没有明确的区分。这种灵活性使得汉语句子可以采用逐步展开叙述的结构，根据时间或逻辑关系进行连贯性分析，表达更为复杂的意思。汉语的句子结构呈现一种线性的叙事结构。英语句子的主谓结构是基础，其他构成要根据这个框架进行安排。在英语中，补充、限制、修饰等附加成分需要借助关联词，形成一种树形结构。这种结构不仅能保持句子的逻辑性，还能增强表达的效果。英语中的句法结构通常更为明确和规范，有助于理解和表达复杂的语义关系。而汉语通过逐步展开叙述的方式，运用时间和逻辑关系来表达复杂的意义。

（一）英语句子的立体结构

在英语句子中的立体结构特征主要体现在以下两个方面：

第一，英语句子有主干结构，且有时主干结构较短。下面是英语的七种基本句型。

一是 SV（主语 + 谓语结构）。例如：The doorbell rang.（门铃响了。）

二是 SVO（主语 + 谓语 + 宾语结构）。例如：They enjoyed the party.（她们在聚会上玩得很开心。）

三是 SVOO（主语 + 谓语 + 间接宾语 + 直接宾语）。例如：My mother told me a story.（我母亲给我讲了一个故事。）

四是 SVOC（主语 + 谓语 + 宾语 + 补语）。例如：Many people consider education very important.（许多人认为教育非常重要。）

五是 SVOA（主语 + 谓语 + 宾语 + 状语）。例如：Peter didn't take it seriously.（彼得没把这事放在心上。）

六是 SVP（主语 + 系动词 + 表语）。例如：That baby is adorable.（那个婴儿很可爱。）

七是 SVC（主语 + 谓语 + 主语补足语）。例如：The sun rose red.（红红的太阳升起来了。）

由上述句型不难看出，英语中的句型都有主谓机制，即句子主干。任何复杂的句子有了主干也就建立了句子的基本格局。

第二，英语句子的从属结构都与主干结构紧密相连，并与之形成一种关系集结。

例如：The traveler from the coast，who，after plodding northward for a score of miles over calcareous downs and corn-lands，suddenly reaches the verge of one of these escarpments，is surprised and delighted to behold，extended like a map beneath him，country differing absolutely from that which he has passed through.（一位从海岸来的旅客，往北很费劲地走了几十里地的石灰质丘陵和庄稼地以后，一下子到了这些峻岭之一的山脊上面，看见了一片原野，像地图一样平铺在下面，和刚才走过的截然不同，他不由得又惊又喜。）

本例为一个多重复合句，包含一个主句，六个从句。按照句子层次建立一个立体框架，其中，主句的核心控制全句的结构，和从句环环相扣，句中有句，盘根错节。英语立体多层次的主从结构使用较多，特别是当有两个意义层时，人们将对重要和次要的信息价值加以区分，主句用于表达重要信息，从句、分词短语则用于描述次要信息。

（二）汉语句子的平面结构

汉语句子多呈现平面的结构和形态。主要具有以下两方面的特征：

第一，多数汉语句子是平铺直叙的句式，句子在扩展中会引起结构的不断变化。

例如：

一朵梅花。

鬓边斜插一朵梅花。

红颜小姐鬓边斜插一朵梅花。

由此可见，汉语句子的句首具有开放性的特点，句尾却具有收缩性。这和英语句首封闭性和句尾开放性的特点恰恰相反。

第二，汉语句子存在大量零句。整句具有主谓结构，零句由词和词组构成，没有主谓结构。

例如：

小李买了九本书，一共十二块钱，拿回家一看，全是半新半旧的。（Xiaoli

bought nine books which cost him twelve yuan and when he took them back hornet he found that they were just half new.）

本例中，只有"小李买了九本书"是整句结构，其余都是零句，这些零句没有主次之分，借助自然语序，按意相连。而英语译文以限定动词为核心确立主干，再用连接词将重要成分与之相连接，形成了主从层次，达到从流散到聚焦、从平面到立体的效果。

二、语序对比

英汉两种语言在构建句子和安排句子内各小句顺序方面，存在一些相似之处，但是也存在很多不同点。以下就对英汉句子层面的语序进行对比分析：

（一）英语的突显语序

英语偏好突显语序。英语句子在陈述信息时，通常将重要的信息置于句首。具体来说，英语突显语序主要遵从以下三点：

第一，先前景，后背景。前景是信息中引人注目的部分，能够突出关键问题，提高表达效果。背景是指其所处的具体情境，包括地点、相关情况、时间等细节信息。这些背景信息对于理解事件的来龙去脉至关重要。在英美文化中，人们通常将关键的信息放在句子开头，随后再陈述背景，以帮助读者更好地理解情境，增强表达的逻辑性和清晰度。

例如：The street was deserted.I stood alone under a tree with all entanglement of bare branches overhead.Waiting for the last bus to arrive.（在寂寞的马路旁疏枝交错的树下，等候最后一辆汽车的只有我一人。）

在本例中，英语原文中为了突出前景而将"under a tree with all entanglement of bare branches overhead.Waiting for the last bus to arrive"的背景信息放在句尾，避免了句首出现重叠的现象。

第二，先表态，后叙事。在英语句子的常规结构中，当叙述和陈述同时存在时，通常先进行陈述，而且陈述部分通常较为简短。相对而言，叙述部分则较为详细和丰富。这种表达方式符合语言逻辑和规范，有助于清晰地传达信息。

第三，先果后因。英美国家的人在表达时通常习惯先说结果，后表明原因。

因果关系多体现在主从复合句中。

例如：There are many wonderful stores to tell about the places I visited and the people I met.（我们走访了一些地方，遇到不少人，要谈起这些，我有许多奇妙的故事要讲。）

本例英语原文依据先结果后原因的原则，将信息中心放在了句子的前面。

（二）汉语的时序统御

汉语句子通常按照事件的自然过程展开。自然时序在信息安排方面的处理原则有以下三个：

第一，先叙事，后表态。在汉语中，通常是先叙事，再作出评判与表态。例如：有朋自远方来，不亦乐乎。（It is a great pleasure to meet friends from afar.）

在这个例子中，汉语原文在表达态度之前，以叙述开头。

第二，先背景，后焦点。在通常情况下，汉语句子的组织方式是先描述具体的背景和细节，然后逐步阐述主要信息。

例如：我们进来的时候，他正坐在火边。（He was sitting before the fire when we entered.）

在本例中，汉语原句先介绍了时间信息"我们进来的时候"，然后点出信息中心，"他正坐在火边"。译成英语，语序与之相反。

第三，先因后果，先偏后正。在中文语言风格的多样性中，为确保时序和逻辑的严谨性，通常遵循先因后果和先偏后正的句子结构原则。中文表达倾向于依赖连贯的语义关联和相对稳定的词语顺序，以此阐明不同分句之间的关系。相对来说，英语在句子结构上具有更高的灵活性，其元素的前置或后置更为多变。这主要归功于英语丰富的语法形式和手段，使得语义关系能够得到更为精确的把握。

例如：他身体很弱，不能动手术。（He cannot be operated as he is very weak.）

在本例中，汉语原文首先说明了原因，然后给出结果，而英语的语序正好相反。

三、连接方式对比

形合（hypotaxis）和意合（parataxis）是英汉句子建构方式的基本差别。整体来看，英语属于形合语言，汉语属于意合语言。

（一）英语的连接方式

"以形显义"是英语句法的重要特征。为了句意表达的需要，有时应将句子中的词语、短语、分句或从句进行连接，英语常采取一些语法手段，如关联词、引导词等，以此来从意义与结构两个方面实现句子的完整性。

例如：On campuses all across the United States, Americans who lectured and studied in China in the 1930s and 1940s today are invigorating our own intellectual life—none of them with greater distinction than Professor John K Fairbank, who honors us by joining my traveling party.（今天在美国的各个大学里，曾经于 20 世纪 30 年代和 40 年代在中国讲学并做过研究的美国人正活跃着美国的学术生活。他们中间最有名望的是费正清教授，他这次同我们一起访华，使我们感到荣幸。）

在本例中，Americans are invigorating 是句子的主干结构。其中，主语是 Americans，谓语是 are invigorating。此外，本例中还有两个定语从句，即用来修饰 Americans 的 who lectured and studied in China in the 1930s and 1940s 及用来修饰 Professor John K Fairbank 的 who honors us by joining my traveling party。可见，例句不仅含有较多介词、代词与名词，还具有较为复杂的结构，但其内在的逻辑关系十分清晰，这正是英语形合的表现。

（二）汉语的连接方式

汉语往往呈现出形散神聚的特征。具体来说，顺序标志词、逻辑关系词等明显的连接形式在汉语中较少出现，句子的含义常常通过动词来表示，且读者往往需要进行积极思考才能将句子的内在逻辑关系梳理清楚。

四、修饰语位置对比

英语是以综合型为主，向分析型过渡的语言，语序相对稳定，同时又有灵活变化；汉语是分析型语言，语序整体上较为固定。英汉句子在定语、状语等修饰语的位置上存在着不同。

（一）定语位置的对比

1. 英语定语的位置

英语单词作定语一般位于名词前（特殊情况下放在名词后），短语与从句作定语时大多位于名词后（少数情况下也可放在名词前）。例如 an epoch-making event（划时代的事件）、a just case（正义的事业）、There are many people who want to see the film（许多人想看这部电影）。

英语中定语的先后次序通常遵循以下两个原则：

第一，多个不同词类的前置单词定语的排列顺序为限定词定语—形容词定语—分词定语—动名词定语—名词定语。

例如：Mark Twain was a famous American writer.（马克·吐温是一位著名的美国作家。）

第二，多个形容词定语的排列顺序为数量—外观—形状—年龄—颜色—国籍—材质—用途。

例如：The gallery is having a show of French oil painting.（画廊正在展示法国油画。）

需要特别说明的是，英语中有些形容词的次序较为特殊。例如，描述身体特征的形容词须放在表示情感特征与性格特征的形容词前面，如 the pale anxious patients 等；表示颜色的形容词须放在表示情感特征与性格特征的形容词后面，如 a big furry brown dog 等。

2. 汉语定语的位置

汉语的定语一般位于中心词之前，且修饰语不会太长，数量也不会太多。例如，武装部队，变化了的世界，宁静的绿色田野，广泛的国际教育交流，一个温和、可爱的熟人……

汉语中也会出现多个定语修饰中心词的现象。多重定语的顺序应遵循以下规律：

第一，带标志的"的"的定语通常位于不带标志的"的"的定语前面。

例如：高浓度的有害液体，黑色的呢子大衣……

第二，多种定语通常根据逻辑关系来排序，和中心语言关系越紧密的定语离中心语位置越近。

例如：地处塔里木盆地边缘的生产哈密瓜的小镇很热闹、那个穿黑色西装的北方人是我的高中同学……

第三，结构复杂的定语通常位于结构简单的定语前面。

例如：新分配来的英语老师、刚从国外进口的数学用的数码录音设备……

通过上述分析可以发现，英汉两种语言中如果两个或两个以上的单词定语同时位于所修饰的名词前，其位置顺序是不同的。具体来说，英语习惯将说明事物本质的定语放在最接近其所修饰的名词的位置。汉语一般把表示程度、大小、数量等的信息安排在后面，而把最能体现事物内在实质的信息排在句子的前面。因此，在对英汉句法文化进行翻译时应注意根据具体语境来进行适当的调整。

试比较以下三个例子：

a small red wooden table（一张红木小圆桌）。

an excellent public transportation system（发达的公共交通系统）。

an outstanding contemporary Chinese writer（一位中国现代优秀作家）。

（二）状语位置的对比

1. 英语状语的位置

英语的状语位置相对复杂。具体来说，单词构成的状语一般可以放在动词前，也可以放在动词后，根据需要可放在句首或句尾。

例如：Given bad weather, I will stay at home.（假使天气不好，我就待在家里。）

当句子中需要使用多个状语时，英语的习惯语序是先小概念、后大概念，先地点、后时间。

例如：She did her work here last night.（她昨晚在这里做了她的工作。）

2. 汉语状语的位置

在汉语句子中，状语一般位于主语之后，谓语之前。有时，为了强调，汉语中可以将表示时间、处所、范围、条件、情态、关涉对象的状语放在主语之前。

例如：昨天他已经检查了三遍。

句子中多个状语连用时，汉语的顺序一般是先大概念、后小概念，先时间、后地点。

例如：英国伦敦爆发罢工潮。

五、重心对比

英汉句子结构上的差异主要体现在句子的重心上。汉语表达通常将叙述部分置于前面，详细阐述事件背景等信息，而将陈述部分放在后面，简洁明了地表达观点。而英语表达通常先表明立场或观点，随后再进行详细的叙事阐述。其中，叙事部分较为详尽，而表态部分则较为简短。这种差异反映了不同语言和文化背景下信息传递的习惯和方式。

例如：

Stealing happens only in communities where some have got more than they need while other have not enough.（在一个社会内，只有当一些人绰绰有余，而另外一些人物质匮乏时，偷盗才可能发生。要是你有急事要办，不要去找那种显然没有多少事可做的人。）

从以上例句可以看出，英汉语言在句子安排上体现出完全不同的思路。在叙述事物发展过程的句子中，英语通常先利用个人感受、态度或评价来引出话题，然后详细说明相关情况，形成先简述后详述、重点突出的口语特点。而汉语在描述一件事时，多是按照事件的先后顺序，即按照由因到果、由假设到推论、由事实到结论的顺序展开。

六、扩展模式对比

从句子的扩展模式来分析，英汉两种语言也存在很大差异。通常情况下，英语基本句式倾向于向右延伸，汉语基本句式倾向于向左扩展。

英语句子重主语，重心在前，主谓框架完整且突出，谓语与主语在人称、数、时态等方面保持一致。此外，英语还拥有衔接功能强大的连接词语。这些因素的共同作用使句子向右扩展成为可能。

例如：

Jack worked.Jack worked hard.

Jack worked hard with a computer.

Jack worked hard with a computer in the lab.

Jack worked hard with a computer in the lab for ten months.

Jack worked hard with a computer in the lab for ten months in order to complete a project.

Jack worked hard with a computer in the lab for ten months in order to complete a project last year.

汉语句子重主题，重心在后，主语功能相对较弱，主语与谓语之间仅仅要求语义一致，而不要求形式一致。同时，汉语句子主要建构在意念主轴上，有时即使没有主语也能成句，并且表达明确的意义。因此，汉语句子常常倾向于向左延伸。

例如：

小鸟飞走了。

可爱的小鸟飞走了。

一群可爱的小鸟飞走了。

树林里一群可爱的小鸟飞走了。

我看见树林里一群可爱的小鸟飞走了。

刚才我看见树林里一群可爱的小鸟飞走了。

我告诉他刚才我看见树林里一群可爱的小鸟飞走了。

七、特殊句式对比

特殊句式是对常规句式而言的。英语的特殊句式其实并不特殊，一般表现为倒装、省略和一些与动词、连词变化有关的句子结构变式，其中总是可以找出 SV/SVO 等。汉语的特殊句式特点与英语不同：它们在结构上自成一式，用的是有特定意义的功能词；它们在数量上相当大，有很强的替换性；它们的语用功能相当强。

（一）"把"字句

"把"（将、给、叫）在词性上属于介词，因为它总是引出一个句词作为它的宾语，所以具有介词的句法功能。这时它构成了动词的处置式（disposal forms）。但在语义上，它常常带有明显的动词性。这种介词和动词的功能、语义关系可以用以下的转换式（transformation）表示：

例如，换水→把水换了，即 vt.+obj. →把 obj.+vt.（了）

这种利用"把"字将动宾提前的转换一般是为了强调，即将强调部分从动作转移到事物上，使它成为注意中心（介词主位词宾语）。

例如：

团团围住他（to close around him）→强调"团团围住"。

把他团团围住（he was closed around）→强调"他"的处境。

因此，这里反映了汉语语序的语义功能，以及为达到某种目的调动虚词以构筑新的语义结构的特征。而在英语中，要做到这一点，必须使动词形态发生变化，以形态手段达到构筑新的语义结构的目的（并可能引起语言层级的提升）。

（二）"是"字句

"是"字在句法上相当于英语的 Copula（系词）。但它与系词有很大差别。"是"字在汉语语法中称为"判断词"。判断词后的成分在汉语中称为"判断宾语"（Copulative Object），如"他是我的学生"。"我的学生"被称为"判断宾语"（而英语的 be 后还有一些成分则被称为"表语"）。动词相当于判断词，称为"准判断动词"（Quasi-Copulas），如"当作""成为""号称""姓""当""等于"等。

汉语"是"字与英语系词"be"的比较如下：

第一，在语义方面。

汉语"是"字的静态（状态）性强。具体来看，表示判断或确认，即指出类属性如"他是医生"；表示"存在"或"已出现了"，即指出主语的环境、处所等，如"窗外是一片田野""门外是一大群人"。

英语系词"be"的动态（行为）性强。具体来看，其不仅可以表示判断和确认，还可以表示过程、变化、存在及主体性。准系词有 get、become、turn out、to be、look appear、taste、smell、sound 等。

第二，在形态方面。

汉语"是"字的形态单一，既没有形态变化，也不能充作黏附性助词，可以在形式上隐含。

英语系词"be"的形态规范、系统，即有稳定、系统的形态变化，有广泛参与句法构架的功能，参与语态、时态、语气的形式。

第三，在句法功能方面。

汉语"是"字具有动词性，可以构成谓语，称为"判断句"；可以用"不"否定；"是"字后的成分称为"判断宾语"；"是"不是"完全动词"，不能附加"着""了""过"；"是"可以具有多种转换式，是非常活跃的句法转换手段。

英语系词"be"的句法功能比较单一，具体表现为：英语系词"be"具有动词性，可以构成谓语，系词后称为"表语"；用于构筑动词时、体、形态，这时只是一种功能符号，但不可或缺。

"是"作为一个词类成分，在汉语中十分重要；英语系词"be"作为一个系词系统，在英语（及其他印欧语）中也是不可缺少的。英语系词"be"是构形功能很强的结构词，是英语的"基本功能词"，英语的"体"（aspect）和"态"（passive）凭借英语系词"be"来构成；"是"在汉语中的句法转换功能也很强，但汉语的"是"是一个不以形态变化，而以语序来实现其功能的"功能性实义动词"（尽管它的实义并不明显）。

第五节　英汉语言的语用分析及语篇对比

语句是由单个的词汇按照一定的语法规则组成的。词语的意义是语句意义的基础。正确理解词义是学习和运用语言的基础。词义是词语所包含的基本语义信息，是语言交流中的重要基石。一个词语的词义可以根据上下文和语境进行解读和理解。同一个词语在不同的语境中可能具有不同的含义和语义扩展。在具体的语言组句应用中，词语的含义往往受多种因素影响而导致含义表现的差异，词在具体句子中的意义往往受到语法关系、搭配关系和语境关系的影响。

一、英汉语言的语用分析

（一）英汉语言的语法环境

语法规则是语言的结构组织所遵循的基本原则。在不同的语言中，语法的规则不同，其组织和表现形式也存在显著的差异性。在英语和汉语中，体现语法功能的方式存在差异，其语言内部所表现的含义也不同。

1. 汉语词序与虚词应用的语法功能

汉语是分析型语言，没有典型词性、词形、时态等的变化。词序是一种主要语法手段。

（1）汉语词序的应用

词序是一个语法学术语，也称"语序"，是指语言里词语组合的次序，即词在句子里的先后摆放顺序。在汉语中，词序的变动往往带来词语的词义或者词性的变化，甚至可以影响整个句子的意义。例如，"不怕辣""辣不怕""怕不辣"，因词序的改变而使其意义所包含的表现程度不同。

（2）汉语虚词的应用

虚词与表达实际含义的实词相对应，是指起语法功能作用的词。在汉语中，虚词的使用很广泛，虚词常常用来表现时态、语气和语调等。

2. 英语词形和助词应用的语法功能

英语属于综合型语言，它有词性、时态、阴阳性和语气等方面的变化，这些变化主要是利用词缀的添加来改变词形和助词的使用等方式实现的。

（1）英语词形变化的应用

英语词形变化是指英语单词在形态方面所发生的变化。在英语中，通常可以通过词形的变化来体现一定的语法功能，包括改变词性、时态、语态和语气等语法功能，从而影响句子的意思。

例如：The boy's father was a professor.（男孩儿的父亲曾经是教授。）

（2）英语助词的应用

英语助词是指起辅助语法功能作用的词。在英语中，通常可以通过使用助词来表达英语的时态、语态、语气和句式等语法功能。英语中的助词包括疑问助词、否定助词、语气助词和强调助词等，这些助词的使用在一定程度上会影响句子的意思。

例如：He is the very person that knows the password.（只有他知道密码。）

英语词序的变化对词义所产生的影响往往不大，而仅仅是体现句式的差异，如陈述句与疑问句式的转变，但这时进行词序变化的主要是系动词。

（二）英汉词语搭配环境

任何语言都存在自由搭配和固定搭配的形式。

1. 自由搭配

自由搭配是指一种比较自由的句法组合关系，组合的词义是两个构成成分的总和。例如，汉语中的"唱歌""唱戏""唱高调""唱腔""唱票""唱片"等，英语中的"run a company"（开公司）、"run messages"（送信息）、"run wild"（发狂）、"runoil"（炼油）、"run aground"（搁浅）、"run a car"（驾车）等。

2. 固定搭配

固定搭配在句法组合关系上会受到限制，组合所构成的词语另表他义。搭配限制（collocational restriction）主要包括系统性搭配限制和特异性搭配限制。固定搭配包括两种形式：一是受语法规则限制的搭配，二是受习惯形式限制的搭配。

（1）系统性搭配限制

系统性搭配限制是指受语法规则体系影响而形成的固定搭配形式。例如，主语与谓语搭配（S+V）、定语与名词搭配（Att.+N）、状语与动词（Ad.+V）搭配等。语法规则决定了词语之间的搭配顺序，语法规则不同，搭配顺序也有差异。

在英语中，一般情况下，宾语位于谓语动词之后，主语位于谓语动词之前。定语和状语可以在其所修饰的词语之前或之后出现。这取决于具体的句子结构和表达的需要。补语一般出现在作主语或作宾语的名词之后，用来补充信息或完成谓语动词的意义。在汉语中，通常情况下，宾语在动词之后，主语在谓语动词之前。定语和状语用以描述或限定，一般位于其修饰的词语之前。补语一般跟在主语或宾语的名词之后，用以补充信息或完成谓语动词的意义。

例如：她（主语）常常（状语）哭得（谓语）死去活来（补语）。

例如：She（主语）often（状语）cried（谓语）her（定语）heart（宾语）out（宾语补语）.

另外，在英语中，相同的意思，往往因语法结构的不同而选用不同的词性来表达，且因其语法功能不同，在句中的摆放位置也会存在差别。同一个词发挥的语法功能不同对其意义也会产生影响。

例如：

He argues strongly against capital punishment.（他强烈反对执行死刑。）

He has strong arguments against capital punishment.（他强烈反对执行死刑。）

在上例中，因语法功能表现的需要不同而采用了不同的形式，有 argue（动词）和 arguments（名词），strong（形容词）和 strongly（副词）等。

（2）特异性搭配限制

特异性搭配限制是指根据语言的民族表达习惯所形成的固定搭配形式，如汉语中的"继承""发表""得体"等固定词语。另外，在汉语中还存在一定的习惯搭配，如"穿"与"戴"的搭配有既定的习惯。

同样，英语中也存在一定的固有习惯搭配。例如，英语动词（词组）wear、dress 和 put on 均有"穿、戴"的意思，但是 wear 是穿"衣、鞋、袜"或戴"手套"等，侧重穿、戴的状态，"dress"表示穿戴整齐端庄的状态，也可以表示将衣物放在身上，指给自己或他人穿衣的动作或状态，"put on"强调把手套、鞋袜、衣服等穿、戴上去的动作。

（三）英汉语境环境

语境意义是通过言语符号和语境的共同作用而产生的，是指在特定的交际环境中，人们对语言形式的理解和解读。它不仅包括语言符号本身的字面意义，还是在特定上下文中赋予语言形式更为具体、准确和丰富的意义。言语符号本身意义与语境意义表现为抽象与具体、显示与暗示、规范与偏离、直接与间接、言内与言外等差别。

1. 抽象与具体

语言意义具有抽象性和概括性，是词语或句子本身所固有的。它可以在不同语境中被灵活运用，并具有普遍的适用性。然而，具体的语境会对词语的具体含义产生影响。语境意义，顾名思义，是指词语或句子在特定交际环境中的具体意义。它与特定的情境、交际对象紧密关联。语言意义和语境意义相辅相成。语言意义提供了基本的词义和语法规则，而语境意义根据具体的交际环境赋予了词语或句子更具体的含义。在交流中，理解语言意义和语境意义对良好的沟通非常重要。相比之下，汉语表述的抽象性强，而英语则表现得比较具体。

2. 显示与暗示

语言意义是通过词语与句子的直接表述呈现出的清晰且明确的意义。它源自语言单元的内在关联与语法规矩，可以在无外部语境的条件下被理解。而语境意义，则是在特定的语用环境下，结合语境等多重因素，通过话语的隐晦或间接的表达传递的意义。它更依赖于外部环境和交际双方的互动关系。在语境中，人们可能运用隐喻、暗示等方式传递信息，需要听者依据语境和交际双方的关系去解读和揣摩其中的意义。这种显示与暗示的差异在英语和汉语中都存在，但是各自的生存背景是不同的。汉语中主要是受到文化和话语交际关系准则的影响而在话语表述上采用暗示的方式。英语中往往体现在话语交际关系准则上，是为了规避直接回答因而采用暗示的方式。在话语交际中，受文化等因素的影响，有些意义不便直接显示或者表明。

3. 规范与偏离

在语言运用层面，既要确保语法结构符合规范，确保语义逻辑的合理连贯，又要在构建句子或表达意思时，严格遵循语法规则，使句子结构正确。此外，我们还要注重词语的语义合理性，确保逻辑连贯。然而，在语用层面，语境意义可能会偏离语法和语义逻辑的规范。这是因为语境意义更加注重言外之意、隐含信息和交际效果。在特定的交际环境中，人们可能会运用修辞手法，如隐喻、讽刺等，或者通过上下文信息和语境暗示来传达更丰富的意义。这种偏离规范的使用可以为语言增添变化、趣味和文化内涵，进一步丰富语言的表达力和表现力。因此，对于语言的理解和运用，不仅需要关注语法和语义逻辑，还需要考虑语境因素。语境意义常常是偏离规范的，取决于文化、社会背景和个人习惯等多种因素。理解和解读语境意义需要更广泛的知识和灵活的思维，从而更准确地理解他人的意图和表达。

4. 言内与言外

言内意义是话语词句本身所表现的实际意义，也就是人们通常所说的字面意义。这一意义主要依赖于词汇的具体含义和语法的规则。但值得注意的是，在特定的语境下，言内意义并非话语意义的全部。话语往往还包含着言外之意，这些附加的意义涵盖了价值判断、隐喻、暗示、情感色彩等多个层面。为了有效地传达这些言外之意，人们频繁地运用各种修辞手法，如粘连、双关、婉曲、反语等，与此同时，非语言的交流方式如语调、肢体语言等也起到了关键的作用。这些言外之意往往超越了字面意义，它们通过比喻等修辞手法间接地表达出来。

5. 语言环境

在各种交际场合中，相同的语言表达可能具有多种含义。这是由于交际场景的多样性使人们对语言产生不同的认识。

6. 副语言环境

副语言环境主要是受语法逻辑关系、副语言等影响而形成的理解环境下的语义。

7. 情景语境环境

情景语境环境即交际的时间、场所、对象等因素对交际话语含义所产生的影响。

（1）地域场所环境

地域环境是指因地理和气候等影响所形成的环境，场所环境是指言语交际时所处的场所。人们在交际过程中，语义往往受交际的具体地域和场所的影响而产生差异。

（2）人物环境

人物环境是指在人物的性别、年龄、身份、职业、认知和修养等个性因素影响下产生的语言含义的表达与理解差异。人物的个性因素决定了他们的言语表达方式，也影响到他们对话语的理解。

（3）文化环境

文化环境，顾名思义，是与言语交际密切相关的文化习俗和社会规范背景。文化习俗涵盖了人们在心理、行为以及语言上的习惯，是特定社会群体在长期生活实践中沿袭下来的生活方式。不同文化习俗的背后，折射出不同社会群体的信仰体系、价值观以及生活方式的差异。因此，在语言交际过程中，深入了解并尊重各种文化习俗显得尤为重要，唯有如此，人们才能避免因文化差异而产生的误解与冲突，进而建立起有效的跨文化沟通桥梁。文化语境不同往往会引起人们对文化寓意的理解或者解读不同。

综上所述，人们运用语言来传递信息和交流情感时离不开各种因素的制约，这些限制性因素既有语言层面的词本义和语法规则，也有诸如人物、场所和文化等环境因素。在进行语言转换时，应充分考虑各种因素的影响，克服差异，寻求契合，以达到语言转换正确、有效的目的。

二、英汉语言中的语篇对比

语句是表达的重要方式，句子有长有短，表达有喜有怒，一段话也可以称作语篇，语篇构成了语言。在英汉翻译中，如果翻译研究仅侧重于对字、词、句的翻译规律研究，那么就必然会忽略英汉语篇在逻辑关系、表达方式等层面的差异性。

（一）英汉语篇逻辑结构差异对比

通过语篇的逻辑关系对英汉语篇逻辑结构进行分析，也就是以逻辑分析为出发点，讨论不同民族间的思维方式和语言结构的表现形式差异。基于大部分逻辑范畴的互通性，英汉两种语言语篇的主要逻辑关系大体一致，甚至存在很多的交叠和互通，但是也存在一些差异。语义连贯是语篇的关键特征，确保了语言表达在逻辑上的连贯性和一致性。通过语义连贯性，一个语篇能够表达出清晰、有逻辑关系和连贯的意义。这种意义的连贯性可以通过各种方法实现，如使用指代、关联、转折、因果关系等。在语篇中，这些方法能够帮助读者或听者理解并构建上下文的意义。相反，如果语篇缺乏语义连贯性，意思就会显得混乱或不完整。语言单位之间的连接存在问题，会导致读者或听者无法理解或无法准确地构建语篇的意义。从这个层面进行分析，英汉语篇在逻辑结构方面主要体现在时空逻辑关系、因果逻辑关系、推延逻辑关系以及转折逻辑关系四个方面。

1. 英汉时空逻辑关系对比

时空是世间万物发生和构成联系的依托。时空关系是语篇结构中一个基本的逻辑链条，在时间和空间的框架内阐述事件、行为或进行概念的承接与排列。在英语和汉语的语境里，这种逻辑关系的表达方式存在一定的差异性。英语语篇在表达逻辑关系时倾向于使用显性的连接词，汉语则更倾向于借助语境和语用效果来实现隐性逻辑连接。

例如：It was largely because the last letter from Bajin was lost that his condition worsened until it could no longer be treated in late 1998.（1998 年下半年，病情逐渐恶化，以致不可救治，跟丢失巴金给他的最后一封信有很大关系。）

在英语语境中，人们使用 "until" 来描述时间的先后顺序，表明一个事件是发生到另一个事件出现为止。这种表述在文章中形成了逻辑连贯的线性特征，强调了最先发生的事件，并据此对后续的发展进行分析和推断。在汉语中，并未找到一个完全对应 "until" 的词语来表达这种时间上的先后关系。汉语更倾向于使用 "以致" 这一句式来阐述因果关系和结果。

又如：Then one birthday, the door bell rang. I was feeling blue because I was alone.（然后又是一个生日，门铃响了。当时我正独自一人，百无聊赖。）

在英语中，使用 "because" 来表示因果关系，将前后句子进行逻辑衔接。句子的后半部分 "because I was alone" 使用了 "because"，起到了明确的逻辑连接作用。在汉语中，通常使用时间词或时间状语来表示时间的逻辑关系，如 "当时"。这种表示时间顺序和逻辑关系的方式更加隐蔽，依赖于语境和读者的推断。

在英语中，常常使用 "when" 来表达时间和隐含的因果关系，这种用法在英语语境中相当常见。它意味着在某个特定的时间点或满足某种特定条件时，某个事件的发生将引发一系列的结果。而在汉语中，人们更倾向于使用 "过" "了" "后" 等词语来描述事件的先后顺序，以此表达逻辑关系。这种语言现象实际上反映了英汉两种语言及其背后文化在表达时间和因果关系时的不同特点。

例如：On his return to Hungary he worked from 1948 for a Budapest newspaper, Vilagossag, but was dismissed in 1951, when it adopted the party line.（1948 年回到匈牙利后，他为布达佩斯的一家报纸 Vilagossag 工作，但在 1951 年被开除，因为这家报纸采纳了党的路线。）

2. 英汉因果逻辑关系对比

从广义的层面来看，英汉两种语言的因果逻辑关系几乎都是用来描述事件之间的因果联系。不过，英语和汉语在具体的表述中的确存在一些差别。在语篇中，时间和空间信息常常与因果关系相互交织和影响。

例如：When you are entertaining some stylish guests at dinner, you can, for appearance's sake, refer to the table set you have just bought for the occasion by saying, "We've been using it for as long as ten years."（当你在宴会上招待一些时髦

的客人时，为了美观，你可以提到你刚刚为这个场合买的桌子，说："我们已经使用它长达十年了。"）

在上述例子中，英语使用了"when"来表示时间关系的逻辑连接。这个词在句子中起到引导后面情境描述的作用，实际上暗示了因为有漂亮的客人来，所以购买了新的餐具。这种用法在英语中常见，多用来描述一个事件发生的条件或背景。而在汉语中，通常使用"因为"来表示因果逻辑关系，即因为某个原因（在这个例子中就是请漂亮的客人），所以发生了某个结果（购买了新的餐具）。此外，"假如"的使用，在汉语中常用于表示假设、推测或条件。这也是一种表达因果关系的方式，在某种条件下，某个事件或结果会发生。

3. 英汉推延逻辑关系对比

推延逻辑关系是一种常见的逻辑联系，用于建立层次结构和组合序列，以及传递语篇的意义。它涉及一系列不同类型的语义关系的逻辑连接，如总结、并举、增添、详述等。

例如：As we children grew up and began to leave home，Mama would comment on how she would soon have the time to write.But something would always come up-Mama's brother was in a serious car accident and she went to be with him; my sister needed help with her baby; Grandpa got sick and came to live with us; an eighbor had no one but Mama to turn to.Mama never had an article published，for Mama never had a chance to write.（我们这些孩子渐渐长大，开始先后离家，妈妈常说她很快就有时间写作了。可到头来她总有事情缠身——妈妈的兄弟遭遇严重车祸，她得去陪伴他；我姐姐生孩子需要帮忙；爷爷病了，来与我们同住；邻居遇事，妈妈是唯一的求助对象。妈妈从未发表过一篇文章，因为她从来就没有机会写作。）

在上述例子中，英语句子的句法结构确实很复杂。第一个复杂句中，连接词"as"引导了同主句的时间关系，并暗示了因果关系的逻辑连接。第二个分句使用了连接词"but"来表示转折关系，起到衔接的作用。第四个分句包含了并列关系，但同时也通过详细描述的方式起到了与前面句子的衔接作用。最后一个句子使用了连接词"for"来表示因果关系，并对之前提及的主要因素进行了进一步的阐述。

在表达逻辑关系方面，汉语倾向于直接以独立的句子来呈现，并通过词语和句子的内在逻辑联系来确保篇章的连贯性。英语倾向于使用明显的连接词和语法结构来衔接句子，以实现整体语篇的连贯性。

4. 英汉转折逻辑关系对比

转折逻辑关系，旨在展示上下文之间的不和谐、与句意背离的逻辑联系。它涵盖了广义的递进让步、相反相异、替换转换以及比较隐喻等语义关系，从而有效地建立了上下文的逻辑连接纽带。这些转折逻辑关系在语篇中的功能不容小觑，不仅有助于传达作者的真正意图，还能有效地引出新的论点或观点，进一步增强文章的逻辑连贯性。

例如：

Bridesmaid：Mustn't cry，you know.The Young Master might 4 be displeased（Wiping away her tears）You are so fortunate，Miss Jade；he is such an iceman.

喜娘：快别哭了，一会儿姑少爷看着不高兴。（替瑞珏擦泪）二小姐，你福气呀，新姑爷人才好呢！

Jade：（Shaking her head）The others，-they were horrid.Poor Mother，all alone now.

瑞珏：（摇头）这些人——可怕。妈一个人在家里可怜。

Bridesmaid：Now，You are a child today，but a woman tomorrow.And the day after that，it will be time you're your return visit and you will see Mother again.Remember what she said to you，time and time again-

喜娘：别哭啦，二小姐，你今天是孩子，明天就是大人了。后天回门，不又看见老太太啦？老太太不是说了又说，叫你——

Jade：I know，I know.You can go now.

瑞珏：我知道，知道，你走吧！

本例中的英语译文 now 起着承接上文、转换话题的衔接作用，有"好了"之意，用来表示安慰的语气，具有递进让步的转折逻辑关系。

（二）英汉语篇结构组织差异对比

从语篇中段落结构的组织来看，以英语为主要语言的人，思维方式呈直线式，在英语段落结构上具体表现为从一般到具体、从概括到举例、从整体到个体。

例如：Soccer is a difficult sport.A player must be able to run steadily without rest. Sometimes a player must hit the ball with his or her head.Players must be willing to bang into and be banged into by others.They must put up with aching feet and sore muscles.

本段第一句话为主题句，其后的四句均是对主题句的阐述、说明。汉语段落也有与其类似的结构。

然而这种模式在汉语中并不多见。主要是由于中国人的思维呈螺旋式，在段落结构上具体表现为先分后总、先说原因后说结果。

例如：索引在我国出现得较晚。有人认为起源于南北朝的类书就具备了索引的性质，这种说法是不科学的。类书是将群书中可供参考的资料辑录出来，分类或依韵编排的一种工具书。它具有文献摘要的性质，并且所记录的范围很广，索引则只注明文献的出处，使读者"执其引以得其文"，并不司摘录原文之职。并且索引还有严格的范围，如作《史记人名索引》就绝不可将《汉书》中的同名人物一并编入。

（三）英汉篇章模式差异对比

不同的语篇类型，其建构语篇的模式也不同。

1. 英语基本的篇章展开模式

常见的英语语篇展开模式有以下三种：

（1）"概括—具体模式"

"概括—具体模式"是英语语篇中常见的模式。"概括—具体模式"又称作"一般—特殊模式""预览—细节模式""综合—例证模式"。该模式的语篇展开顺序是：概括陈述—具体陈述1—具体陈述2—具体陈述3，以此类推。

（2）"问题—解决模式"

"问题—解决模式"的语篇描述顺序为说明情况—出现问题—作出反应—解决问题—作出评价。

（3）"主张—反主张模式"

"主张—反主模式"的语篇描述顺序为提出主张或观点—进行澄清—说明主

张或观点 / 提出反对主张或真实情况。

上述几种语篇模式并不是独立存在的，有时它们之间可以相互融合或包含。

2. 汉语基本的篇章展开模式

汉语的模式更加多样，且与英语语篇模式有很多相似之处，如"主张—反主张模式"、匹配比较模式和叙事模式都是基本相同的。但是，英汉语篇模式的差异明显。汉语语篇的焦点和重心的位置不固定，具有流动性。

例如：两百多年前，法国一位医生想发明一种能判断胸腔健康状况的器械。他经过刻苦钻研，始终想不出什么好办法。一天他领着女儿到公园玩，当女儿玩跷跷板的时候，他偶然发现用手在跷跷板上轻轻地敲，敲打的人自己几乎听不见，别人把耳朵贴近跷跷板的另一端却听得清清楚楚。他高兴地大喊起来："有办法了！"他马上回家用木料做了一个喇叭形的东西，把小的一端塞在耳朵里，大的一端贴在别人的胸部，不仅声音清晰，而且使用方便。世界上第一个听诊器就这样诞生了。如此看来，科学家的灵感并不是什么神秘莫测的东西。关键在于勤奋，在于实践，在于不怕失败，努力探索。

总而言之，词汇、句子、语篇都是翻译的基本单位，对英汉两种语言这些层面的差异的透彻认识和把握，能为翻译技巧的运用奠定良好的基础。

第四章 语言对比视角下英汉翻译策略

在学习英语或其他外语时，采取与母语进行比较的方法是一种行之有效的策略。通过将目标语言与母语进行细致的比较，学习者能够更加清晰地认识两种语言之间的异同之处，进而加深对目标语言的理解与掌握。这种比较分析有助于学习者更好地掌握目标语言的语法结构、词汇运用以及句子组织等方面的特点，从而更加准确地运用目标语言进行表达和交流。

第一节　英汉词汇翻译

想要很好地对英汉词语进行翻译，就要掌握一些词汇翻译的方法技巧。

一、不同对应关系的词语的翻译技巧

（一）基本对应词语的翻译技巧

当汉语和英语中的词语基本对应的时候，通常只需要使用直译的方法，直接把字面的意思翻译出来就可以了，这样的情况下是不会出现歧义的。

例如：

Singapore lies near the equator.（新加坡地处赤道附近。）

The Pacific Ocean is one of the four oceans in the world.（太平洋是世界上的四大洋之一。）

在以上的例子中，"Singapore""The Pacific Ocean"都是专有名词，在英语和汉语中都有基本相对应的词语。所以，我们可以直接按其字面意思进行翻译，也就是分别翻译成"新加坡""太平洋"。

需要注意的一点是，即便是有些词语基本对应可以进行直译，但是，有时候我们为了展现一定的效果，也会把一些词语进行意译。比如，经典小说 Oliver Twist 可以直接翻译为《奥利佛·退斯特》，也可以意译为《雾都孤儿》，美国电视剧 Friends 既可以被翻译为《老友记》，也可以被翻译为《六人行》。

（二）部分对应词语的翻译技巧

在翻译英语句子时，有很多词语是一词多义的，这样的词语具体是什么意思要根据其所在的句子语境进行判断。英语词语在这方面的表现尤为突出，所以，在翻译的时候，译者要对上下文的逻辑关系多加注意，在众多的词语含义中选择最合适的意思。

例如：

Whether Arab oil flows freely or not, it is clear to everyone that world industry cannot be allowed to depend on so fragile base.（不论阿拉伯石油是否会源源流出，现在人人都清楚这一点：世界工业不能依赖于如此脆弱的能源基础了。）

在这个句子中，base 的含义可以根据其和 fragile 所形成的上下文关系进行定义，我们把其翻译成"能源基础"。但是，base 这个词语在不同的学科或者是不同的专业中的意思是不一样的，也就是说这是一个一词多义的单词。所以，译者在把这个词语翻译成汉语的时候，要根据其所在的上下文的语境和各个学科的特点选择恰当的意思。

又如：

As we all know，a base reacts with an acid to form salt.

众所周知，碱与酸反应生成盐。（化学）

Line AB is the base of the triangle ABC.

AB 线是三角形 ABC 的底边。（数学）

It is a skyscraper built on a base of solid rock.

这是一座建在坚实岩石地基上的摩天高楼。（建筑）

The base of the thumb is where it joins the hand.

拇指的起点在与手掌结合处。（解剖学）

在以上的四个例子中，base 在不同的学科中，其含义也是不一样的。除此之外，我们还可以把 base 这个词语翻译成词汇学中的"词根"、测绘学中的"基线"、金融证券中的"基价"等。

二、英汉共有的构词法及翻译技巧

（一）拼凑法的翻译技巧

拼凑法指的是把两个词拼凑在一起从而形成一个新词的方法，通过这样的方式所形成的词语就是合成词。英语中合成词可以是由多种词类组成的，并且其组合的顺序也是非常灵活的，并不会受到英语句子语法的词序限制。

英语中合成词的词性主要有：合成名词，如 sunlight、outbreak、flashlight；合成形容词，如 man-made、in-land、hand-picked；合成动词，如 safe-guard、hand-shake。

汉语的合成词主要有五个结构类型：偏正式，如钢琴键、门把手；动宾式，如吊桥、管家；主谓式，如日落、风暴；联合式，如朋友、方法；补充式，如改进、提高。

下面分别是英语和汉语中一些合成词的例子。

英语例子：

dust+bin=dustbin

sun+light=sunlight

take+off=take-off

birth+control=birth-control

break+through=breakthrough

self+esteem=self-esteem

key+note=keynote

house+wife=housewife

post+man=postman

汉语例子：

书 + 架 = 书架

书 + 包 = 书包

操 + 场 = 操场

寝 + 室 = 寝室

教 + 育 = 教育

大 + 学 = 大学

唱 + 片 = 唱片

演 + 讲 = 演讲

值得注意的是，中国人倾向于求真思维，喜欢给事物添加标记词，如各种各样的"工厂"："电子厂""化肥厂""服装厂""钢铁厂""纺织厂""木材厂"等。再如，和与"学校"有关的词，"小学""中学""大学"等。而英语词汇一般不含标记词。

在对使用拼凑法形成的合成词进行翻译的时候，特别是对名词的翻译，通常来说，译者都应当根据文字的表面意思进行翻译，比如 talent show（才艺展示）、earthquake（地震）。但是，当一些合成词的意思并不是词语表面意思的简单相加的时候，就不能只对其进行字面的翻译，如"大学"应当翻译成"university"，但不能翻译成"big school"。

（二）转化法的翻译技巧

英语中有很多转化词，这些转化词和其转化前的词语的意思有着非常紧密的联系。比如，water 作为名词的时候其意思是"水"，当转化为动词以后，其意思就成了"用水浇"。

下面以名词 water 和动词 drink 为例。

例 1：I am thirsty and want to drink some water.

例 2：Do not forget to water these flowers.

例 3：I like drinking tea.

例 4：Would you like a drink？

例 2 中的动词 water 就是从例 1 中的名词 water 转化而来的，而例 4 中的名词 drink 就是从例 3 中的动词 drink 转化而来的。

在汉语中，词性的转化通常要根据词汇在句子中的语言顺序进行一定的判定，比较常见的是名词转化成形容词、形容词转化成动词、动词转换化名词。

名词—形容词。例如："男人"（名词），这个男人（形容词）大概三十。

形容词—动词。例如："漂亮"（形容词），她漂亮（动词）了起来。

动词—名词。例如："工作"（动词），我在南京工作（名词）。

当译者对一些通过转化法所形成的词语进行翻译的时候，通常需要注意：第一，一般情况下，词语的词性经过转化以后还是和原来词语的含义有着非常紧密的关系；第二，英语中从动词转化而来的名词可以指动作的对象或者动作的结果，从而形成该动词所表述事件的一部分；第三，一些从名词转化而来的动词表达的含义和原来名词的含义可能差别很大。这些时候，译者就需要根据上下文进行综合考虑。

（三）缩略法的翻译技巧

随着整个世界发展节奏的逐渐加速，人们对作为交流工具的语言提出了更加简便化和经济化的要求。在这样的情况下，由缩略法所构成的单词逐渐出现。缩略法指的是在既不会增加或者减少词语的含义，也不会改变词语含义的情况下，对一些比较长的单词进行一定的缩短。英语中经常使用的缩略方法主要有首字母缩略法、截短法、合字缩略法。

首字母缩略法指的是对复合词的每个单词的首字母进行提取，从而组成缩略短词的一种方法。

比如：

CBS（Columbia Broadcasting System）

WTO（World Trade Organization）

UFO（Unidentified Flying Object）

APEC（Asia-Pacific Economic Cooperation）

截短法指的是对单词中的某一个音节进行提取从而组成缩略词的一种方法。

比如：

gym（gymnasium）

expo（exposition）

合字缩略法指的是对原有的词语进行一定的剪切，对其尾部或者是首部进行提取并组成新词语的一种方法。

比如：

Heliport（helicopter+police）

Smog（smoke+fog）

motel（motor+hotel）

利用上述三种缩略法所组成的新的缩略词和一般的英语词语是一样的，也有其复数形式。

汉语缩略词有首字母缩略法，比如"亚非拉"是"亚洲、非洲、拉丁美洲"的缩略形式。也有合字缩略法，比如"农牧民"是"农民＋牧民"的缩略形式。除此之外，汉语中还有一种比较特殊的缩略法——数字概括法，就是使用数字来对多个词语进行概括的方法，比如"五讲"就是"讲文明、讲礼貌、讲卫生、讲秩序、讲道德"。

缩略词有其独特性，在我们把英语缩略词翻译成汉语缩略词的时候，通常可以采用三种方法——音译、按简化词进行翻译和按原词意思进行翻译。

1. 音译

例如：

TOEFL（Test of English As a Foreign Language）托福

AIDS（Acquired Immune Deficiency Syndrome）艾滋病

IELTS（International English Language Testing System）雅思

通过以上分析我们发现，音译法通常来说，应用于原来的词语是由四个或者四个以上的单词所组成的，通过首字母缩略法的方式所形成的新词。音译法比较简单，也比较容易接受，但是，它也有缺点，即翻译出来的语言很难让读者理解要表达的真正意思。比如，"托福"和"雅思"仅从字面理解，很难让人想到它们和英语考试有着密切的关系。

2. 按简化词进行翻译

例如：

comsat（communication+satellite）通信卫星

brunch（breakfast+lunch）早午餐

smog（smoke+fog）烟雾

对于一些使用合成缩略法构成的词语，通常来说都是使用简化词来对其进行翻译。比如，motel（motor+hotel）汽车旅馆。这种翻译方法可以弥补音译法的不足，但是它并不能反映出这个词语是一个外来词语。

3. 按原词意思进行翻译

例如：

CEO（Chief Executive Officer）首席执行官

CET（College English Test）大学英语测试

CFO（Chief Finance Officer）首席财务官

USB（Universal Serial Bus）通用串口总线

译者把缩略语按照原来词语的意思进行翻译，这对于目的语读者了解词语的含义具有积极作用。但是有的时候因为词语太长，假如完全按照原来词语的含义进行翻译的话，就会使目的语的对应翻译文本太冗长，不够简洁大方，这个时候就可以使用其简称。如果目的语的翻译文本本身就比较简短，这个时候就不能再进行简化了。因此，即便是使用简化的方法进行翻译，也要确保符合翻译文本的表达习惯。

三、英汉词汇搭配的翻译技巧

（一）考虑语言的搭配习惯

比如说"边缘"这个词语，在英语中可以和不同的词进行搭配。

例如：the brim of a bowl（碗的边缘），the periphery of a town（一个城镇的边缘），the edge of a cliff（悬崖的边缘），the fringe of a forest（森林的边缘），the brink of death/disaster/war（濒于战争），the verge of bankruptcy（濒临破产）。

同一个"历史"，搭配不同，则对应的英语单词也不同。

例如：历史经验（past experience），历史人物（historical figures），历史性的变化（historic changes）。

同样表示"未加工"的，和不同的词搭配就要用不同的英语单词。

例如：raw material（原材料），raw cotton（原棉），crude oil（原油），native iron（生铁）。

"抵制、抵挡、抵抗"在英汉两种语言中都要用不同的词来适应不同的搭配。

例如：withstand the storm（抵抗暴风雨），withstand severe tests（经受严峻的考验），withstand another attack（抵挡又一次进攻），withstand hard wear（耐穿），withstand pressure（抗压）。

当学习了一个英语单词以后，还要对其相关的搭配习惯进行一定的认识和了解。比如，我们不仅要知道"alter"这个词的含义是"改变、更改"，还要知道其搭配的规律，在进行翻译的时候要一一对应。

例如：alter his economic plans（改变经济计划），alter her frugal lifestyle（改变她节俭的生活方式），alter the fact（更改事实），alter the promotion policies（改变升职政策），alter the rules（改变规则）。

同一个词语，其在汉语和英语中的搭配习惯可能是不一样的，这个时候，译者就需要根据实际情况进行调整。比如，英语中的 wear 可以和 clothes、moustache、socks、glasses 进行搭配，但是，汉语有不同的搭配习惯。

例如：English tramps didn't wore tiny moustaches, huge pants or tail coats: European leaders and Italian waiters wore things like that. （英国流浪者并不留小胡子，也不穿肥大的裤子或燕尾服：欧洲的领导人和意大利的侍者才那样穿戴。）

汉语的"打开"可以用于各种搭配，在英语中却要用不同的词。

例如：打开包裹（unpack），打开门（open the door），打开电视（turn on the TV），打开奥秘（discover the secrets）。

（二）拆分调整寻求呼应

在英语中经常出现一个动词和两个宾语进行搭配或者一个形容词和两个名词进行搭配的现象。然而，把这些英语翻译成汉语以后，就不能使用这样的搭配了。我们需要进行一定的拆分或者进行相应的调整。

例如：But this naval competition strained the Liberal Government's principles as well as their budgets. （但是这种海军竞赛使自由党政府的原则无法自圆其说，也使其预算捉襟见肘。）

此处把"strain"一词分别译成了成语"自圆其说"和"捉襟见肘"，以对应"原则"和"预算"。

又如：He had left a note of welcome for me, as sunny as his face. （他留下一封短信，对我表示欢迎；那信写得热情洋溢，一如其人。）

如果一定要把原句的明喻译出来的话会非常艰涩，此处干脆改成"热情洋溢"，既可以和"短信"相照应，又可以和"人"相照应。

第二节 英汉句式段落翻译

一、简单句翻译

（一）一般简单句的翻译

在英译汉的过程中，绝大多数的简单句可按原文结构形式译出，即采用直译的方法。但我们经常读到这样的句子，其主语、谓语、宾语、定语或状语有一定修饰语，内容也很丰富，有时表达了一个分句的内容。对这样的简单句则要采用拆译的办法，拆译成相关的分句，整个简单句就译成偏正复句了，这样的译文能更好地表达原文的意义，逻辑关系也会更为严密。

1. 成分的拆译

英语中有些句子的成分如主语、谓语或宾语等带有定语、状语等修饰成分，这样能包含更多内容和一定逻辑关系。在翻译时，要拆出来，译成几个分句，以利于整句的意义表达。这就是成分的拆译。

（1）定语的拆译

英语中的定语一般用来修饰名词或名词性短语（亦为句中的主语或宾语），起限制或修饰作用。但有时也为被修饰部分提供相关的背景知识或补充信息，这时的定语就表达了丰富的语义内容和逻辑关系。这些定语就有必要从原来的位置上拆分出来，译为一个分句，与被修饰部分（如主语、宾语等）一起，形成一定关系的汉语复句。

例如：A naive projection of their past growth rates into the future was likely to greatly overstate their real prospects.（若以过去的增长来预测未来，会显得考虑欠周，因为那种预测会严重夸大未来的实际增长。）

将该句中的形容词"naive"拆出来，译成一个分句"考虑欠周"，能更好地表达本句的真实意义。

（2）状语的拆译

在英语中，通常用副词、分词短语、介词短语、独立主格结构等做状语，修饰谓语动词或主句的某一部分，为其提供原因、结果、背景等方面的信息。在翻译时，可把它们拆分，译成状语从句。

第一，副词的拆译。

例如：Byrant Gumbel is sometimes favorably compared with Ted Koppel.（人们有时把布莱恩·刚贝尔和特德·考波尔相比，认为布莱恩·刚贝尔更好。）

上面例句中的"favorably"为状语，抽出来译成分句效果更好。

第二，介词短语的拆译。

例如：But he only glared down on them in silence.（但是他一言不发，对他们只是怒目而视。）

这样的介词短语为句子的中心谓语部分提供了不少信息，需要拆译成汉语的分句，表达出相应的关系。如果直接插入句子中间，译文会很别扭。

第三，独立主格结构。

独立主格结构表现为有自己逻辑上的主语或宾语等重要成分，表达了相对独立的意义，用来修饰主句。所以，在翻译时，很自然地译成相应的状语从句。

例如：She was waiting for us, her figure defined by the light from the half-opened door.（她在那里等着我们，通过半掩的门中射出的灯光，可以看出她的体形。）

该句的独立主格结构起伴随作用，说明主句。

另外，有时候在这种独立主格结构的前面加一介词 with（否定式为如 without），这样就形成了 with 的复合结构，但所起的作用与独立主格结构基本相同。如把介词去掉，就构成了独立主格结构。

例如：Without dust particles existing in the atmosphere, observations would be done more accurately.（如果大气中没有尘埃，观察就会更加精确。）

2. 改变成分译出

（1）改译主语

根据原文句子的用词特点、意义和逻辑关系等，把主语改译成其他成分，能更好地表达原文的意思。

例如：My suggestion is that he should quit smoking at once.（我建议他立即戒烟。）

在汉语中，表示时间概念的词语大多为状语，而例句中的主语都是动名词，但有各自逻辑上的主语或宾语，因此，在翻译时，大多转译为谓语动词。

（2）改译谓语

可把谓语改译为主语、状语或定语。采用这种方法需要注意谓语动词的翻译。

例如：Seawater contains about 3.5 percent salt.（海水中盐的含量约为 3.5%。）

（3）改译宾语

把宾语改译为主语或谓语。

例如：Cast iron contains a larger proportion of carbon than steel.（铸钢的含碳率比钢要高。）

（4）改译定语

把定语译为状语或谓语的情况也很常见。

例如：Occasionally a drizzle came down, and the intermittent flashes of lightning made us turn apprehensive glances toward zero.（偶尔下一点儿毛毛雨，断断续续的闪电使得我们不时忧虑地朝着零区方向望去。）

（5）改译状语和表语

根据句子的需要，有时可把英语的状语译成汉语的主语，把英语的表语译成汉语的谓语。

例如：In size and appearance Mercury is very much like our moon.（水星的大小和外观很像月亮。）

（二）特殊简单句的翻译

在英语中，尤其在科技英语文献中，我们经常能读到 SVO 或 SV 简单句，其外表与一般的简单句没有什么区别，但仔细分析，就能发现其特殊性，主要表现在其主语、宾语以及谓语上。这种简单句的基本特点如下：

第一，名词化结构主要担任主语或宾语的角色，这些结构由动词或形容词演变而来。深入剖析这种将词汇转化为名词的结构，就会发现其中实则隐含着一个包含逻辑成分的子句。这样的句型简洁、精练，信息高度浓缩，逻辑关系紧密，表达精密。由此可见，这种句子中的主语或宾语表达的意义不再"简单"了，因而在此叫作"特殊简单句"。

第二，谓语动词有其特殊作用。主语和宾语具有特殊性，谓语动词本身的词汇意义分量很轻，而主要起桥梁作用，连接内容丰富的主语和宾语。在这样的简单句中，常用的谓语动词或谓语动词短语主要有 show、lie in、involve、result from、establish、depend on、provide、make、lead to、define、give、cause、result in 等，它们大多数为使役动词。最后，当 SVO 句中的主语和宾语或其中之一为名词化结构时，句中的谓语运用了包括方式、条件、因果等多种逻辑关系，使得句子表达的意义变得相当烦琐。这种结构类似于中文的意合句。在翻译过程中，可以运用下面三种句型，通过调整句子结构和加入恰当的连词，来保持原文意义，实现翻译目标。

1. 译成因果关系句

例如：But the fortuitous success and growth of the Internet has severely strained the functional limits of the Internet protocol as well as the underlying router networks.（但是，由于因特网的偶然成功和成长，从而使网际协议和底层路由器网络的功能达到了极限。）

该例句中的主语或宾语含有名词化结构，可扩展成一个分句。

主语：

But the fortuitous success and growth of the Internet

扩展为：But the Internet has fortuitously succeeded and grown

宾语：

the functional limits of the Internet protocol as well as the underlying router networks

扩展为：The Internet protocol as well as the underlying router networks has been functionally limited

2. 译成条件状语从句

例如：Integrating the user interface at the operating system level could eliminate many problems for application software developer.（把用户界面集成到操作系统，能够为应用软件开发人员解决许多问题。）

该例句中的主语由名词化结构充当，同样可以扩展为一个分句。主语可扩展为 of the user interface at the operating system level is integrated。

3. 译成方式状语从句或时间状语从句

在英语中，时间短语或表示方式的名词化结构被用作主语的情况颇为常见，这一现象广泛分布于各类文本之中。

例如：These studies are steadily improving and extending our knowledge of the very individual meteorology of Mars.（通过这些研究，不断加深和扩大我们对火星气象学的了解。）

（三）其他简单句的合译

1. 两个简单句的合译

（1）译成因果句

一般来说，第一句为原因，第二句为结果。

例如：The operation could not be launched before January，after my departure，and my own conclusions on the matter were not decisive.（这个行动不可能在 1 月以前，即我离任以前实行，所以，我个人对这个问题的论断并不起决定性作用。）

（2）译成条件句

译成条件句的情况主要发生在祈使句加一般陈述句的两个分句里，前面为条件，后面为导致的结果。

例如：Put an egg into a glass of fresh water. The egg will sink to the bottom of the glass.（如果把一只鸡蛋放入一杯淡水中，鸡蛋就会沉到杯底。）

（3）译成转折句

如果两个简单句中存在转折关系，我们就要认真分析其中的意义了。

例如：Certain insects live their entire adult life in a day or less. In their immature form such insects may live a total of one to three years.（某些昆虫的成熟期仅一天或不到一天，但幼虫期可长达一至三年。）

（4）译成并列句

例如：At first she took it for a man. It could have been a man dancing in the field.（起先她以为这是个男人。可能一个男人在田里跳舞呢！）

2. 多个简单句的合译

例如：Darkness fell.An explosion shook the earth.It did not shake his will to go to the front.（夜幕降临时，一声爆炸震动了大地，可并没动摇他上前线的决心。）

当然，当我们发现两个或两个以上这样的简单句间有表示逻辑关系的连词词语时，就可以直接译成主从复句，但要把原文中的句号改为逗号。

例如：Probably hydrogen can never be made into a metal. But scientists are considering the possibility.（也许氢永远不能变成金属，但科学家正在考虑这种可能性。）

二、从句翻译

英语中的从句，作为句子的重要组成部分，具有丰富的语法和语义功能。它主要分为四类：表语从句、定语从句、状语从句和名词性从句。这些从句在句子中起着修饰、叙述或补充说明主句或句中某一短语的作用，使得整个句子更加复杂和丰富。因此，在翻译这类句子时，正确处理和理解其中的从句就显得尤为关键。在翻译含有从句的句子时，要全面分析句子结构，理解句子间的逻辑关系，并运用恰当的翻译方法。通过不断的实践和总结经验，能够提高处理这类句子的能力，使翻译的句子在保持原文含义的基础上，更加通顺、易懂。

（一）顺序法

顺序法是指在翻译时不打乱原文顺序，保留基本结构的一种翻译方法。在使用顺序法时，译者会尽量保持原文的句子结构和顺序，并尽量逐字逐句地翻译原文。这种翻译方法的目的是尽可能准确地传达原文的信息和语义。顺序法在保留原文的表达方式和结构上较为忠实，对于理解原文的逻辑和语义关系来说是比较直接的方法。英语中有些句子的顺序与汉语相同，采用顺序法翻译简单、方便。当英语从句的语序与汉语基本一致，如先后顺序、因果顺序、条件结果顺序、主次顺序等，可用顺序法翻译。

在处理长定语从句时，若将其置于被修饰成分前会使句子显得冗长，并且在译为汉语时需使用"……的"结构，这样做符合汉语表达习惯。不过，在行文上还需进行微调，确保译文更为通顺易懂。这包括省去指代关系的代词或副词，重复使用先行词，或用相关代词替代这些词。这样调整有助于确保译文既忠实于原文，又流畅、易读。

例如：A system is a collection of hardware, software, data, and procedural components that work together to accomplish an objective. （系统包括硬件、软件、数据和程序部件等，它们协同来完成一项目标。）

（二）逆序法

逆序法指不按原文的顺序，而把置于后面的从句译到前面，以达到限制强调、突出重点的作用。这种译法可用来翻译不同的从句。在定语从句的主要目的在于限定和阐述被修饰词，同时从句内容较为简短的情况下，可以颠倒定语从句的位置，构建类似于汉语"的"字结构的句子，从而在译文中使得被修饰词与定语从句的关系更为清晰明了。这种方法通常应用于短小简洁的定语从句，使译文更符合汉语表达习惯。

例如：Savagery was stamped upon his features.He was still in that primeval forest from which mankind was evolved. （他面相凶蛮。这种人还处在人类进化的原始森林阶段。）

根据语义分析，有的非限制性定语从句也可以采用这样的方法翻译，使译文句子结构更为紧凑，语义更连贯。但这类非限制性定语从句为数不多。

当原文中的状语从句放在主句的后面时，用逆序法把它翻译到主句前面。

例如：Send us a message in case you have any difficulty. （万一有什么困难，请给我们一个信儿。）

名词性从句在句中做主语、同位语、宾语或表语，但经常由形式成分来表示。在翻译时，可将其位置做调整，放在形式成分的前面。

例如：It does not matter, for this discussion, what the temperature of the tank is or even what is in the tank. （这个箱的温度是多少，甚至该箱内有什么，这样的讨论无关紧要。）

（三）转换法

一般来说，定语从句和状语从句的句法作用、逻辑关系和句子意义能从相关的词汇或句法结构中体现出来，不会给理解和翻译带来太大困难，故可以照原序译出（如上文的顺序法），或在前后顺序上做一些调整（如上文的逆序法）。然而，分析从句的语义和逻辑关系需要注重上下文，特别是定语从句。

根据信息传输的原理，我们可对定语从句作出如下的分析，一个含有定语从句的英语句子传递两种信息：主句传递主要信息，从句传递辅助信息，并对主句或主句的某一部分语义（主要信息）做补充、修饰、限制和发展，虽属句子语义的次要部分，但常常是不可或缺的部分。同时，在一定语境下，主句和从句传递主要信息和辅助信息的方式可以相互转化，即主句传递辅助信息，从句传递主要信息。这种情况经常出现在英语文章中，尤其是在科技文体中。

由此来看，定语从句可以限定或修饰先行词，同时为主句提供额外信息，表达各种逻辑关系。翻译时应突破传统思维，采用状语从句进行形式转换，如原因从句、条件从句、目的从句和结果从句等。

从句表示原因。例如：We know that a cat, whose eyes can take in many more rays of light than our eyes, can see clearly in the night.（我们知道由于猫的眼睛比人的眼睛能吸收到更多的光线，所以猫在黑夜也能看得很清楚。）

从句表示结果。例如：Copper has a low ability of combining with oxygen, which is the cause of its resistance to corrosion.（铜与氧化合的能力较差，因而具有耐蚀性。）

从句表示条件。例如：Men become desperate for work，any work，which will help them to keep alive their families.（人们变得极其迫切地想要工作，不管什么工作，只要它能维持一家人的生活就行。）

从句表示其他关系。例如：He insisted on building another house，which he had no use for.（他坚持要再造一幢房子，尽管他并无此需要。）

对大部分状语从句的翻译都可按其引导词或标志词译成相应的状语从句，如because、as引导的可译成原因状语从句，when、after引导的可译成时间状语从句，if引导的可译成条件状语从句，等等。但是，有的从句并非如其标志词所示，而是另有用途，这时要转换成相应的状语从句。

例如：While I grant his honesty，I suspect his memory.（虽然我对他的诚实没有异议，但我对他的记忆力感到怀疑。）

从句法结构和意义上来分析，同位语从句相当于定语从句，翻译时可转译为定语从句、表语从句或宾语从句。

例如：The fact that the prisoner was guilty was plain to everyone.（这个囚犯有犯罪的事实，大家都知道。）

三、长句翻译

长句翻译一直是令译者深感棘手的问题。这是因为较之简单句，复杂句具有更烦琐的结构，包含多个从句或短语，使译者在理解和组织上颇费周折。要顺利完成此类句子的翻译，首先需对从句的语法结构有深入的了解，并掌握从句、主句以及短语之间的语法和逻辑关系。其次，采用相应的手段译成汉语。

英语之所以有不少的长句（尤其在科技英语中），主要是因为其在一个句中可包含多层修饰成分，如副词、形容词、短语、定语从句或状语从句等，而每一个成分就有可能包含一层意思，以此来更好、更准确地表达作者的思想。在科技英语中有更多的长句，主要是因为文献具有严谨、周密、准确、详尽、完整、逻辑性强等特点。因此，科技英语有较多盘根错节、叠床架屋的长句。而汉语在表达复杂概念时，大多采用短句方式来叙述或说明，其层次关系、逻辑关系等更多的是内涵于话语中。根据英汉语言的不同特点，在对长句的语法结构、逻辑层次和时间顺序等有清楚了解的基础上，可采用以下翻译方法：

（一）照搬原序

有的英语长句的行文方式与汉语的基本相同，即按时间顺序，前因后果，先介绍、后总结，先次要、后主要等。对这类句子，就可按原文结构顺序翻译。

（二）调整顺序

汉语和英语表达顺序略有区别。一般来说，汉语的表达顺序是先阐述导致某种情况发生的因素，然后表述由此产生的影响或结果。或者按照时间先后顺序来排列，先发生的事情先讲述，后发生的事情后讲述。或者是先说不重要的事情，再谈及重要的事情。而英语经常使用倒装结构，把主语放在句子的结尾，而把补充说明或分析放在前面。有时候，为了强调一些内容，会采取将它们放置在句子的起始部分或其他不常规的位置的方式。在进行翻译时，有时候需要重新构思翻译，以便突出主题和精准表达，使得文意更加准确、明确，根据汉语的语言特点对原文的语序进行适当的调整。

例如：Decision must be made very rapidly; physical endurance is tested as much perception, because an enormous amount of time must be spent making certain that the key figures act on the basis of the same information and purpose.（必须把大量时间花在确保关键人物均已根据同一情报和目的行事，而这一切对身体的耐力和思维能力都是一大考验。因此，一旦考虑成熟，决策者就应迅速作出决策。）

（三）独立成句

在某些场合，长句中的词组、分词短语或从句所表达的意义完整并具备相对的独立性，且它们与主句的内涵并不紧密相连。针对这种情况，在翻译过程中往往会将这些成分独立出来，转化为单独的句子。在长句翻译中，这种方法被广泛采用，以确保译文的准确性和可读性。

例如：The telephone system can be divided into three networks: the local network, which ties customers to their respective local switching officers; the trunk network, which interconnects the switching offices; and the long-distance network between cities.（电话通信网可分为三类：市内电话网、中继局电话网和长途电话网。市内电话网把用户分别和其当地的中继电话局连接起来，中继局电话网把各中继电话局相互连接起来，长途电话网则把各城市连接起来。）

上面的例句是分类写法。英语的分类更多的是以一一对应的方式来展开；在汉语中则一般先总括，然后分别阐述。大部分长句的翻译，可根据其特点采取如前面三种相应的译法去解决。但有些长句包括多个分句，信息量极大，结构很复杂，在翻译这类长句时，首先应仔细分析分句与全句的关系，其次对不同的结构采用不同的翻译手段。

四、段落翻译

段落由句群和句群或者句群和句子组成，从表达内容上看，容量比句子大得多，意义也复杂得多。段落比句子更充分地表达了作者的思想，有助于读者理解作者的思路。对作者而言，分段可将复杂的思想化整为零，分别讨论，使每部分都能为全篇的中心思想服务；对读者而言，分段有助于在一个段落内重点获得一种信息，理解一种思想，从而将理解细节与理解全篇内容结合起来。

汉语段落和英语段落具有类似特征，都是相对完整的单位。段中的句群和句子都为表达中心意义服务。段内使用的语言与内容应协调一致，句子之间与句群之间的意思连贯，语序则根据内在的逻辑顺序进行安排。不过，汉语段落可以包含一个或一个以上的主题。英语段落一般只有一个主题，通常有一个明显的主题句。无论是英语还是汉语，各段落的主题都是篇章主题的一部分，在篇章中起着承上启下的作用。

段落具有明确的始末标记，是一个在概念上比句子更大的翻译分析单位。它既可能是几个句群，也可能是一个句群，还可能只是一个句子，甚至是一个词。从翻译实践出发，这里所讲的是至少由一个句群组成的段落。在这里先谈英汉段落的对比，再说英汉段落的译法。

（一）英汉段落的对比

段落是具有明确始末标记、语义相对完整、交际功能相对独立的语篇单位。

英语段落的构建方式大致可分为两类：其一，类似于汉语，以核心中心思想为统摄；其二，遵循传统的"主题句—阐述句—总结句"的模式。主题句旨在明确段落主旨，后续句子须与主题紧密相连，逻辑推理严谨。在英语议论文中，此类特点表现得尤为显著。

汉语段落通常是以一个中心思想进行构建，其结构多为迂回式，句子之间的意义关联较为隐晦。大部分段落呈现出形式上分散而意义上整合的特点，且无连接词。此外，不同体裁的文章在段落构成方面存在显著差异。对比中英段落构成，尽管存在诸多相似之处，但差异仍然存在。

（二）英汉段落翻译的策略

1. 逻辑增补

在翻译过程中，译者有时需要进行逻辑上的引申和补充。

例如：

杭州的龙井茶为我国绿茶中的极品，以虎跑泉水冲饮，清香扑鼻，甘醇无比。

译文：Hangzhou's Longjing Tea，the best of China's green tea，requires the water from the Tiger Spring to bring out its fragrance and delicacy.

该译文通过逻辑引申，增补了"bring out"一语，点明了句子各部分间的逻辑联系，使整个句子结构紧密，句意通顺。

2. 视点转换

视点转换，或称角度转换，是从与原语不同或者相反的角度来传达同样的信息。视点转换是译者在理解原文的基础上，改变思考方向，从另一角度表达原文，使译文更地道、流畅。视点转换包括相对性转换、句子成分转换等。在英汉翻译中，有时难以找到对等译词，可利用事物的相对性跳出字面形式，展现独特译文。

以下两种情况可运用相对性的转换：

第一，原文直译不容易懂，可能招致误解或者在译语中找不到近似或等值成分。

例如：

He lived in a room with a southern exposure.

译文：他住的是一间北屋。

第二，直译虽然可以理解，但不合乎习惯说法。

例如：

"Well，you need not let go your hold of me so thanklessly the moment you feel yourself out of danger."

译文："好，刚一脱离危险，你就这样无情无义地撒开手，你想想你应该不应该？"

对转换单位进行转换时使用的"具体化""抽象化""解释法"的共同点是至少保留了原词语的核心意义。但有时这种核心意义很难保留，其原因就是：语言符号的声音与其代表的事物之间的关系是任意的、约定俗成的，不同民族的"俗"，或者说其文化，不可能没有差异。这种差异必然会反映到语言之中，同一思想，在不同语言中的表达方式可能差异很大。在这种情况下，翻译时可能需要采用"视点转换"的手段，即换一个角度来观察事物，用不同的词语来描写相同的事物，这也就是翻译中的"替换法"。使用"替换法"不能胡乱选用另一个毫不相干的词语来替换一个词语，要求替换词语与被替换词语的所指统一。

3. 调整与重组

汉语句子可分为整句和零句。整句具有主谓结构，零句则由词或词组构成，可充当谓语或主语。汉语整句通常由零句组合而成，表现为典型的意合衔接，无需连接词。在英语中，类似的零句被称为"破句"，在正式场合被视为语法错误。相较于汉语，英语强调完整且严密的结构，因此，破句在英语中并不常见。汉语的零句如果逐字照译，译文或不合英语语法，或拖沓冗长，松散无力，不合英语行文规范。在翻译时，须分清主从关系，找出主干，并将修饰成分与主句有机组合。对由零句组成的汉语句子，须组合成完整的英语句子。

例如：

创建于 1866 年的福建船政学堂是中国最早的科技专科学校。学堂海纳百川，领风气之先，开中国新式教育之先河，既引进外国先进科技、人才及办学模式，中西合璧，培育新人，又选派优秀学生出洋留学深造。

译文：Founded in 1866, Fujian Marine Art College was the first polytechnic school in China. Leading in the country, the college was a pioneer of modem schools where advanced technologies and new ways of school running from the West were introduced to meet with the best in the Chinese educational system. It was also where many talented people were selected to study abroad.

此段文本如果逐字译出，译文势必会显得累赘多余。根据英语行文用词注重上下文照应和逻辑上合理搭配的特点，以上译文突出信息重点，对原文进行了重组，较好地保证了译文在译语语境中的可读性。

翻译不仅是语言的转换过程，也是一个逻辑思维调整的过程。翻译往往需要对原文进行语义逻辑的调整与重组。这一点，在段落翻译中表现得比较明显。此外，作为相对完整的语言单位，段落经常围绕一个中心思想展开论说或叙述，所有句子都服务于这个中心思想。既然如此，每个句子在结构上的独立性自然而然受到削弱。翻译时译者不妨根据需要，把原文的句子打散重组。

4. 删减与改写

（1）删减

英语、汉语各有其独特的表达习惯、语言结构和写作风格，各自语篇的语体规范大不一样。为了使译文在目标语言的语境中更有效地传达原文的意思并达到预期效果以及实现语篇的交际意图，译者常常需要对原文进行删减，对句子进行必要的简化和压缩处理，省去次要的词句或者用其他词句进行概括。

例如：

我们从事了 10 年的英语教学，教学质量高，教学经验丰富，在世界各地有成功办学的范例。

译文：We have over ten years of experience in teaching quality English and have successfully managed schools in different parts of the world.

在原文这句话里，重复出现了三处"教学"，另外还有一些在英语语境中不合适的夸张词和范畴词。译文根据英语表达习惯，突出重要信息，省去了冗余信息，译文可读性强。

（2）改写

改写并非随意篡改或虚构，而是一个经过深思熟虑和判断的过程，以确保翻译的准确性、清晰度和适应性，同时满足译文读者的期待和接受程度。在进行改写时，译者会根据译文的预期目的，考虑到语言和语篇特性，以及不同的政治、文化、经济背景，对原文进行调整和组织。这一过程基于对原文的解析，并以实现译文功能为目标进行抉择。

例如：

云南有 25 个少数民族，是中国少数民族最多的省份。各民族的服饰、建筑、风俗、歌舞、饮食等，形成了一幅美丽的风情画卷。

译文：Home to 25 ethnic groups—the largest number in China —Yunnan Province offer tourists a cultural feast of unique ethnic costumes, architecture, cuisine, songs, dances and rituals.

此段文字出自一篇介绍云南的旅游宣传资料，其译文预期功能为吸引外国游客到云南旅游。为了实现这一目的，译文应顺从译语语言与文化环境的规范和标准，让读者乐于接受，使用具有感染力的表达方式。很显然，以上原文如果采用直译，要么文理不通，要么乏味平淡。因此，译文对原文内容和结构均进行了一些改写。如对第一句中"有"的处理，译文将其改为"home to"。这一感情色彩浓厚的词语（家园）显然比平铺直叙地译为 "there are" 更能引起读者的共鸣，从而对该旅游目的地产生亲近感。同样，"风情画卷" 在汉语里顺理成章，但是译成 "a picture scroll of customs" 似乎逻辑不通。改写后的译文 offer tourists a cultural feast of unique ethnic costumes，architecture，cuisine，songs，dances and rituals 目标对象明确，富有鼓动力。此外，原文两个句子的表层结构在译文中也进行了重组，合并为一个句子，在结构模式上更接近译文，更符合译语读者的接受习惯。

第三节　英汉语篇翻译

语篇是相对完整的话语表达。不同语言的语法结构、词汇用法和表达方式等因素会导致语篇连贯的差异。不同语言在语篇连贯方面使用的方法不同，因此，中文和英文在语篇连贯上存在差异。译者在翻译或学习不同语言时，要注意语篇连贯的差异，确保表达的准确性和流畅性。

一、衔接分析与翻译

衔接是指在一段话中，各部分在语法和词汇上相互联系。它可以存在于句子之间，也可以存在于一个句子中的不同部分。衔接是语段和篇章的重要特征，通过衔接可以区分连贯和杂乱无章的句子。衔接的好坏关系到对话语的理解和接受。英语和汉语的衔接手段有相同之处，但使用的频率和方式并不相同，有时是需要转换的。

例如："There's certainly too much pepper in that soup!" Alice said to herself, as well as she could for sneezing. There was certainly too much of it in the air. Even the Duchess sneezes occasionally; and as for the baby, it was sneezing and howling alternately without a moment's pause. The only two creatures in the kitchen that did not sneeze, were the cook, and a large cat...

译文："我看那汤里的胡椒一定搁得太多啦！" 阿丽思说着就要打喷嚏。实在那空气当中的胡椒面是不少。连那公爵夫人自己有时候也打喷嚏；要说那小孩，

不是打喷嚏就是叫，不是叫就是打喷嚏。厨房里只有两个不打喷嚏的，一个就是那做饭老妈子，一个是只大猫……（赵元任译）

译者为了使段与段、句与句以及句子内部加强衔接，使整个语句文脉相通，用了不同于原文的手法。例如，为了使段间语义紧密相连，将 certainly 译为"实在"放在句前，"连……也"（even）与"要说"（as for）则照常译出，两组"不是……就是"是根据"alternately without a moment's pause"演化而来的，而"一个……一个"是为铺陈需要而增设。

再如：The easiest way to establish credit is to open checking and savings accounts at your local bank. Then apply for a gasoline or store credit card. These cards are fairly easy to get because retailers want you to buy their goods and services. The third step, and the most dangerous one, is obtaining a major credit card Visa, Master Visa or American Express.

译文 1：取得信贷最便捷的方法是首先在当地银行开立支票账户。其次是申请一张加油信用卡或商店信用卡，这些卡很容易办到，因为零售商希望你买他们的商品或服务。第三步，即最冒险的一步，是获得一张主要信用卡，如维萨卡、万事达信用卡或货运通卡。

译文 2：取得信贷最便捷的方法是在当地银行开立支票账户。然后是申请一张加油信用卡或商店信用卡，这些卡很容易办到，因为零售商希望你买他们的商品或服务。第三种方法，也即风险最大的方法，是获得一张主要信用卡，如维萨卡、万事达信用卡或货运通卡。

原文通过 the easiest way、then 和 the third step 构成一条段内衔接的锁链，指出获得信贷的三种不同途径。这三种方法是平行的、可供选择的，但有 the easiest 和 the most dangerous 之分。译文 1 把这种衔接关系理解错了，译成了三个连续的步骤。

二、连贯分析与翻译

连贯指的是篇章中信息发出者和接收者基于共同了解的情景，通过逻辑推理实现语义的连续性，这种连续性构成了篇章中的一种无形的网。

例如：The chess board is the world, the pieces are the phenomena of the universe, the rules of the game are what we call the laws of nature. The player on the other side is hidden from US. We know that his play is always fair, just, and patient. But we also know, to our cost, that he never overlooks a mistake, or makes the smallest allowance for ignorance.

译文1：我们生活的这个世界是一张棋盘，构成世界的元素就是棋子。弈棋规则即我们所说的自然规律。我们的对手是隐蔽不见的。我们知道他总是合理、公正、有耐心。但吃了苦头后，我们才知道，他从不忽略我们的任何一个错误，也决不原谅我们的任何无知。

译文2：世界是盘棋，万物就是棋子。弈棋规则即自然规律。我们的对手隐蔽不见。我们知道他下棋总是合理、公正、有耐心。但输了棋后，我们才知道，他从不放过任何误棋，也决不原谅任何无知。

评析：这里是作者对赫胥黎的话进行的引述。赫胥黎把人生比作一场没有尽头的棋局。因此，译文对原文中 the game、the player、his play、to our cost 等词语的处理必须符合这一语义的整体性和连贯性，译文2以"棋"贯穿整个语篇，把 to our cost 等隐含的语义明确地表达出来。

再如：I wrestled with my own resolution: I wanted to be weak that I might avoid the awful passage of further suffering I saw laid out for me...;

译文1：我和我自己的决心争斗：我想成为软弱的人，以避免我看见横在眼前那可怕的进一步的苦痛的路；……（李霁野译）

译文2：我和我自己的决心搏斗着：我要成为软弱的人，这样，我就可以避免去走那条要我受更多苦难的可怕的路，我看到这条路就摆在面前。（祝庆英译）

评析：译文1语意晦涩，特别是后半句主体不明。"避免我看见横在眼前……的路"不通顺，与前半句不连贯。译文2的后半句重复主体"我"，也明确了客体，使译文豁达流畅。

又如：The capacity for acquiring and using a language is a property that distinguishes human beings from all other species. The task of the linguist is to explain what it is about human beings that renders them capable of performing this feat, and what it is about human being languages that renders them capable of being learned and used by human beings

译文1：学习和使用语言的能力是人类区别于任何其他物种的一大特征，语言学家的任务就是解释为什么人类能表现出这种技能，以及为什么人类语言能被人类学习和使用。

译文2：人类能习得并使用语言，这是人类区别于任何其他动物的一大特征。语言学家的任务就是解释：人类究竟有哪些特征，使其具备这种能力；人类语言究竟有哪些特征，使其能被人类习得并使用。

评析：同一语篇中常出现几组共指的同义的词语，构成语义的连贯。在以上语段中，The capacity for acquiring and using a language—this feat—capable of being learned and used 构成指称链。翻译时要体现这种语义上和逻辑上的连贯性。译文1拘泥原文字面，缺乏这种连贯性。

三、意向性分析与翻译

每个语篇都有一定含义，包含一定意图。在翻译过程中，务必遵循意向性原则，确保原意的准确传达。作者的创作意图会对文章的语篇结构选择产生影响。译者要全面把握作者的原意，进而深入理解文章的架构，并选择恰当的翻译策略。另外，文体是作者为高效传达创作目的而采用的独特语言风格。译者若掌握了作者贯彻其创作意图的方法，就能更好地体现原作的风格。最后，了解语篇意图有助于译者处理翻译中的许多具体问题，包括衔接与连贯的问题。

在语篇中，语义是由代名词、指示词、比较词等的使用所形成的一种呼应关系，称为"照应"。语篇中恰当的照应能表明语义联系方面的一致性和连贯性。

例如：An old, thin coat was tuned up about his red ears—his cracked derby hat was pulled down until it turned them outward.

译文1：一件薄薄的旧上衣卷到了冻红的耳朵边，——他那顶皱褶的呢帽给压得低低的，几乎把帽顶翻了出来。

译文2：一件薄薄的旧上衣卷到了冻红的耳朵边，——他那顶皱褶的呢帽给压得低低的，把耳朵压在外边。

评析：显然，在原文中，them 替代 ears，而不是 hat。

再如：She felt the flood of feeling.

…

This confused Carrie considerably, for she realized the floodgates were open.

译文：她感觉到了泛滥的热情。

……

这使嘉莉非常惊慌，因为她觉得感情的闸门已经打开。

评析：如果将 the floodgates 译作"水闸"，只取其表层意义，就没有体现出该词在句中蕴含的意义。此处将它译为"感情的闸门"，既符合语义，又显示出语言结构上的关联。

第四节　英汉语境翻译

"语境"的概念是由英国社会人类学家马林诺夫斯基于 1923 年首先提出的。人类所有的语言活动都是在一定的语境（context）中发生的，语言活动（翻译是语言活动的一种）对语境极其敏感，表达意义和表达形式的选择都受语境的影响。因此，翻译需要根据具体的语境来选择与原语言相似或同等的表达方式。本书将语境分为两类，一是言内语境，指的是词语在句子中的语境；二是言外语境，指的是词语外部的语境。

一、语境的层次性

（一）语境的交际层次

语言的使用受到多种客观和主观因素的影响，包括个体的心情、思想、修养和身份等主观因素，以及使用语言的场合和时间等客观因素。环境因素决定了人们使用语言的形式和表达方式。不同的交际环境需要运用不同的语言形式，因此，语境的交际层面关注语言在不同交际情境下的表现差异。

语言与个体的思维、科学文化以及社会生活密切相关，它是这些领域的一种表达形式，而非孤立存在的。语言交流建立在特定的情境和目的上。只有当交流的双方对情境和目的有相同的认知和理解时，才能顺利地实现交流的目的。在分析语言现象时，必须考虑与其相关的环境因素。当理解某些句子的真实含义时，需要深入理解上下文。

（二）语境的语用层次

语境语用学专注于探讨语言与使用环境之间的关联，即研究在特定情境下的话语含义以及如何运用语言实现特定交际目标。此外，该领域还研究在不同语言交流背景下如何解读语言并将其作为沟通工具。在翻译过程中，遵循量、质、关系及方式原则。量原则要求包含所需信息以实现交际目的，同时避免多余信息添加或信息误解；质原则强调内容准确、真实、合理，确保翻译准确、真实、合理地传达原文意义；关系原则要求根据话语关系表达清晰，如时间、空间、逻辑关系等，翻译时也要遵循原文表达方式传达这些关系；方式原则主张表达方式适应情境与语言习惯，在翻译过程中也要符合原文表达方式及目标语言习惯。在言语表达时，应遵循简洁、真实、有逻辑关联且易于理解的原则，避免产生歧义。

翻译过程需充分考虑译入语与译出语的语言习惯及不同语境，确保文本意义保持不变。若译者未能关注两种语言之间的语用差异，或仅将原文的言语行为策略与词汇简单移植到译文，便可能导致歧义或表达不清，从而引发读者误解或沟通失利。因此，译者需在理解作者所采用的语言含义的同时，揭示其隐含信息，以准确地将原文的暗示与语感传达给读者。

通常，原文的字面意义与语用含义在翻译后可保持一致。译者只需遵循原文的语义进行翻译，实现语义与语用的完美匹配。然而，在某些情况下，原文的字面意义可能与实际意义存在偏差。尽管可以逐字翻译，但这样做可能导致语义模糊，不利于读者理解原文的真实含义。因此，作为原作者与读者之间的纽带，译者应当摒弃字面翻译，力求在语用层面实现与原文的契合，从而协助读者更好地领悟作者的隐含意义及创作初衷。

（三）语境的符号层次

符号是作者和读者进行交流的必要工具，而语境符号是确保沟通顺畅的要素。

一般来说，解释是符号的意义。符号通常包含显性和隐性的含义。因此，人们应将符号视为一个不断更新的概念，其意义取决于特定文化中的集体潜意识，而不仅仅与特定词汇或概念相关。在翻译过程中，要求译者关注语境与语言表达之间的契合度，确保翻译结果准确无误，并符合语言语境的逻辑连贯和衔接。这有助于确保翻译结果能够传达出原文的含义和意图。

设计语境中所有元素的组成部分共同构成了语言中的符号。由于这些成分在产生和理解单词意义时具有多层次的影响，因此它们也会影响单词意义的翻译。在翻译过程中，需关注语言现象中词语或句子含义的多样性，这是一种普遍现象。仔细确定正确词义和语义至关重要，这通常需要依赖语言上下文的信息，即语境。语境可分为两种：文本语境和直接语境。在研究语言的语篇时，传统语法学和语义学的影响颇为显著，对符号层次的探讨更为深入和详细，而交际层次和语用层面的研究则相对较晚且较少。

语言的使用会受到各种因素的影响，包括语言的上下文、语言的形式和意识形态等，这些因素会影响语言的表达和理解。翻译是语用的一种形式。因此，本书的重点在于说明语境层次的不同对言语编码的影响程度存在着差异，也就是说，不同的语境对翻译有不同的影响。其中，上下文语境对翻译的影响最直接，直接影响理解原文。另外三种语境——语域、体裁和意识形态的影响则更加间接和抽象。具体的语境比较易于理解，对文字的影响更直接。而抽象的因素（如体裁和意识形态等）对文字的影响则更难以察觉，同时也更广泛地反映在翻译结果的组织结构上。简而言之，随着语境抽象程度的提高，翻译的难度也会增加，需要译者具备更高的翻译能力和技巧来确保翻译的准确度和质量。

二、翻译中的语境

（一）口译中原文语音语境下的句意理解

社会语言学家海姆斯对语境做了定义，他认为语境包括话语的形式、语调、参与人员、交际工具、背景信息、内容、目的、风格、互动规则等因素。根据这一解释，语调也被视作构成上下文环境的一方面。广义的音调是指在口语或书面语中，人们使用的语气和音调。而口语场景所说的音调是口语语境的一种表现形式，即指通常所说的包括音长、重音和音高的语调。

（二）译文形式与原文语法语境的对应

1964 年，英国语言学家韩礼德提出了"语域"一词，它体现了语言使用的特定环境，即语境。美国社会语言学家弗什曼在 1965 年提出了语域理论，他认为社会情境是语言使用的决定因素，包括地点、时间、身份、主题等元素。因此，在使用语言时需要考虑对以上因素的处理。根据语言的使用方式，可以将句子归为六种基本语体形式，包括轻松自然的形式、正式的形式、非正式的形式、亲密的形式、庄重的形式、家庭式的形式。不同的语体形式适用于不同的情境和人群，这取决于说话人和听话人的身份以及所讨论的主题。在翻译时，需要先明确原文所属的语境和语体形式，并且尽可能地保持原文的语言特点，在不改变意思的情况下保持翻译文本与原文一致。

例如：

You haven't got to come today.（今天你甭来了。）

You don't have to come today.（你今天不必来。）

You haven't to come today.（您今天不须来。）

三种否定意义的"have to"表达形式在语气上有所不同。"haven't got to"语气较弱，体现了一种随意的态度。"don't have to"语气较次，为非正式用法。"haven't to"则用于正式场合，语气最强。根据这些表达形式所处的语境，其在汉语中的译文分别为今天你甭来了、你今天不必来、您今天不须来。

（三）译文词义选择与原文语义语境理解

1. 笔译时对原文语义语境的理解

语境在理解句子含义中起着至关重要的作用，因为句子之间的联系及其含义受到上下文的制约。许多句子需在上下文中才能获得正确解读。因此，在遇到费解的句子时，要保持谨慎，避免草率臆测，反复阅读句子所处的上下文，以寻找解决之道。有时，相关句子可能分散在文章中不相邻的部分，读者须仔细阅读，以理解它们之间的关联。

深入解析原文的语境背景，才能准确把握演讲者或原著作者的初衷，避免翻译过程中出现生硬、偏离原意的现象。在确认词义时，需理解原文所涉及的环境内涵。在进行英语翻译时，不能仅依赖词汇的字面含义，因为它们可能存在多种解释，必须全面考量上下文和语境，从而精确地把握其恰当意义。根据弗斯的见解，同一词汇在不同语境中会产生新的语义和用法，因此，每次运用都可能带来全新的体验。我们需谨慎审视文本中的环境和逻辑关系，以便恰当选择词汇。不能忽视上下文，或仅凭词典解释来运用单词，否则，翻译可能出现错误，导致上下文连贯性受损，语义模糊。

2. 语义语境与译文表达的确定

翻译应保持内容的一致性和连贯性，同时翻译时应充分考虑上下文的影响，确保词句契合语境需求。一篇翻译作品要达到优秀的翻译标准必须满足上下文的一致性要求。以下呈现了一段仆人与女主人之间的对话：

仆人：There's a man here. He wishes to speak with the mistress.（有个人来了，他要找太太说话。）

女主人：A man？ Who is he？ What does he want？ （是个男人？是谁呀？他有什么事？ ）

尽管原文表达清晰明确，但是译文可能存在一些问题。因为仆人只简单告诉女主人有人来访，并未提及来访者的性别，所以女主人无法知道来访者的性别。虽然在这个翻译语境中，"man"既可表示"人"，也可以表示"男人"。然而，为了避免误解，上下两句中的"man"必须使用相同的翻译才能准确传达原文的意思。可能更好的译文是："来了个男人，想见太太。""一个男人？谁呀？有什么事吗？ "

三、言内语境对翻译的影响

言内语境是指在文章或交谈中，某一话题所处的上下文或相邻语句。这一概念有助于更好地理解与把握话题的内涵和外延，从而使沟通交流更为顺畅有效。言内语境分为四类，分别是音调语境、语义语境、语法语境、语体语境。

（一）音调语境对翻译的影响

在交际中，词语与句子的音调、语调及节奏等表达方式的重要性不言而喻，因为它们对所传达意义的准确性具有显著影响。尤其在口语中，这种影响更为明显，对营造语境及传达意图起到关键作用。因此，突出特定词语或句子部分，并使其具有规律性的韵律，同样能够创设语境。在英语中，各种音调纷呈，各自承载了独特的含义。

（二）语义语境对翻译的影响

一旦词语被应用于实际的语言交际之中，其语义往往会变得丰富且复杂。语义的理解不能局限于词汇和语法层面，更需要关注上下文及外部环境因素的影响。唯有如此，方能使语言表达更为明晰透彻，避免含糊其辞和多重解释，从而精确无误地传递词义。在各种语境之中，词语的含义会发生变化，因此，对语义的理解务必考虑到语境的影响，这是语义学的基本原则。若将语句从其原初环境剥离，可能导致句意模糊乃至产生歧义。语言的意义与使用场景相互依赖，二者在语言交流中不可或缺，而语境则发挥着关键作用。

（三）语法语境对翻译的影响

语法是规范语言结构的一套规则，而词汇和语法在特定语境中才会显现其特定含义。根据句子的长度可以将句子分为长句和短句，根据句子的结构可以将句子分为整句和散句，根据句子的语法形式可以将句子分为主动句和被动句等，各类句子各具特色。语境对句式选用有所约束，使得相同含义的句子可以呈现不同形态，从而构成语法语境。在句子内，语法语境不仅能制约词语间的关联性，还有助于消除句法歧义。以"学习报纸"一词为例，在汉语中它可以出现在动宾结构或偏正结构中。然而在具体语境下，其语法意义将得以明确。

1. 名词的表现形式

英语语法对名词的影响主要通过"格"来体现。名词共有六种格，每个格都有自己独特的含义。

例如：The driver sent the textbook to the students.（司机给学生们运来了教科书。）

熟悉英语语法的人一看就知道"the driver"是第一格，做该句的主语，表示"运来"这个行为的发起者。"students"是第三格，做间接补语，表示"运来"这个行为的间接对象——给谁运来。"textbook"是第四格，做直接补语，表示"运来"这个行为的直接对象——运来了什么。

2. 动词的表现形式

动词有人称、体、时、式、态等方面的不同变形。人称表明动作的发出者。

例如：Are you on a business trip？—No，I am going my home.（您是出差吗？—不是，我是回家去。）

在上面的对话中，虽然没有明确的主语出现，但是通过动词的变化可以知道谁是动作的发出者。除了动词的体，根据动词的其他形式的变化，也可以推断出其他方面的信息。例如，动词的时态可以表示动作发生的时间，语态可以表示动作的被动或主动等。通过对动词形式的变化进行观察和分析，我们可以更好地理解句子的含义并作出正确的判断。

（四）语体语境对翻译的影响

在特定的言语环境中，人们使用的是具有特定语言特征的语言形式，这便是语体。准确地掌握语体是非常关键的，它有助于我们理解原文的意思，实现翻译的等效性并避免语用上的错误。语言的不同语体具有各自独特的语言特色，为了翻译准确，需要根据语体选择恰当的词语，这就形成了语体语境。科技用语的表达应确切、精准、简明。公文事务应采用客观、公正的语言，不加入个人情感色彩。报刊政论语体使用的词汇非常规范和庄重。口语常用比较随意的语体表达。

例如：There are a number of points between two points in a straight line.（直线上两点之间有无数个点。）

上述示例展示了科技风格的表达方式。然而，若将其译为"在一条直线上，任意两点之间存在无穷多个点"，则可能不够精练。科学领域崇尚简洁之美，追求言简意赅的表达。

再如：Citizens under 18 years of age to apply their own legal guardian to raise questions about citizens.（未满 18 周岁的公民通过自己的法定监护人来提出公民方面问题的申请。）

上述实例显然是法律规定，适用于公文事务语体。在此背景下，弃用"people"而选用"citizens"来表达"人"的根本原因在于避免使用带有个人情感色彩的词汇。公文事务语体更加注重客观公正，因此，选择使用"citizens"一词。

又如：Russian tennis team has achieved a brilliant victory.（俄罗斯网球队取得了辉煌的胜利。）

显然，这是一篇遵循报刊政论语体的新闻报道。文章中运用了高度正式的词汇，尤其是选用了"brilliant"一词，此词意思是"杰出的、优秀的"。在日常生活中，人们或许会使用"good"这一词汇来表达相近之意。然而，在报刊政论语体中，须遵循正式用词规范，故而选择了"brilliant"一词。

四、言外语境对翻译的影响

在一些情况下，小范围的语言环境无法解决问题，因此，必须考虑更广阔的非语言环境。言外语境是指一种超越言语表达的含义和暗示，其表现形式来自非语言环境。词语的含义受到许多非语言因素的影响，包括讲话方式、语境、具体事件和社会背景等。准确理解语言的含义需要正确理解言外之意的作用。

（一）情景语境

情景语境，即言语行为发生的具体环境，应当涵盖以下要素：

1. 言语活动的风格

言语活动的风格应当根据各异的对象作出相应的调整，涉及的因素包括但不限于参与者双方的处境、个性、身份、职业、性格、观念、社会地位、年龄、人际关系、修养以及思想倾向等。例如，在与熟知的成年人交流时，可以采用他们的名字作为称呼；当与同龄的同学安娜相处时，由于处于相近的年龄层且关系亲密，因此可以直接称呼她的名字或昵称，如"Hello，Anna"或"Hi，Anna"；在对待长者和陌生人时，通常会使用"您"作为称呼；在遇到名为伊万的教师时，应称呼为"Morning，Mr.Yiwan"。

2. 言语活动的正式程度

比如，两国领导人的会晤是一项极为关键且严肃的政治事件，参与者均为本国高级官员。在此背景下，应采用正式的语言表达，选用恰当的词汇和句式。

3. 言语活动的范围和主题

言语活动涵盖了文艺、经济、科技等各个领域。在翻译政论性文章时，必须确保表达清晰明确、贴切准确、严谨可靠，并且符合标准和规范要求。

科技类作品注重逻辑性，避免情感色彩，专业词汇丰富，句法关系紧凑，追求简洁明了的表达。在翻译此类作品时，应着重确保信息内容的准确传递，而对于信息形式的再现则相对降低要求。

例如：The results are different from different units in the same length.（同一长度用不同单位测量结果不同。）

以上这些因素直接或间接地影响着词的选择和词义的定位。

（二）文化语境

有些词语在特定的语境中很难完全理解其意义，需要借助特定的社会文化知识背景，也就是上下文，才能真正理解其内涵。说话人所处的语言群体的历史文化、习惯、价值观和社交方式等组成了文化语境。人们来自相同的文化背景时，更容易相互接近和理解语言交流习惯；然而，当跨越不同民族和历史的人群之间进行交流时，由于文化迥异，可能会遇到沟通困难的情况。文化与语言相互融合，形成了文化语境，这是语言交际必不可少的一部分。只有深入领悟和运用当地文化背景，才能避免产生误解，并在互相交流时更加顺畅。

（三）认知语境

人类的知识结构源于外部世界的影响，因此，个人习惯使用的语言表达形式及特点也会受自身认知的影响，并在大脑中得以显现并构建特定结构。从语用视角来看，文本的结构化过程创造了认知语境。认知语境是指与语言运用相关的一系列知识结构状态，这些状态已抽象为概念或形成惯例。在各种交际场合中，语言使用者会根据需求激活相应的认知语境要素，以适应政治、社会和文化环境。这些内容最终储存在个体的知识结构中。

例如，当敬酒时，常使用"cheers..."来表示干杯；当参加演讲比赛时，选手通常在演讲结束时用"that's all, thank you"以示结束；类似地，在一些场合的开场白中用"Hello"来打招呼。在特定的背景下，上述的表达方式已经被人们广泛使用并且被赋予了特定的含义，只要在相关的语境下使用，这些表达就是必要且正确的。人们可以背诵特定语境下常用的习惯用语，以便更好地进行翻译工作。

　　"语境"是一个十分普适的术语，几乎所有事物都可以被称作语境的一部分。语音的调子、对话发生的时间、场合、参与交流的人的宗教信仰、社会地位等方面都对翻译产生影响。这表明，语境的适用范围非常广泛。人们需要保持高度警觉，不断观察和关注各种语言环境的特点和变化，在第一时间作出正确的反应。

第五章 语言对比视角下英汉习语翻译技巧

习语可以被定义为在语言进化中，经过长时间的传承和使用所精练出的固定短语或简短句子。它既能反映出一个民族的文化传统，又体现了该民族特有的思维方式与表达方式。但凡历史悠久的语言都包含大量的习语，汉英两种语言自然也不例外。习语通常以其结构的严谨性、形式的简洁性、深刻的含义、生动的形象和表达方式为特点。和冗长的语句相比，习语显得短小精悍、言简意赅，虽只有寥寥数语，却形象生动、透辟精当、传神达意。习语适用于比喻事物，有的习语意思显而易见，有的含蓄，意在言外，可引起丰富的联想。习语在意义上呈现出整体特征，就是说，习语的意义不能通过构成成分的字面意义而获得。习语涉及范围广，包括成语、俗语、谚语、格言等。

本章内容为语言对比视角下英汉习语翻译技巧，分为三部分内容，依次是直译技巧、意译技巧、套译技巧。

第一节　直译技巧

直译是一种翻译手法，其目的是在忠实于原文含义的基础上，尽力传递原文的形象和风格，确保译文的表达方式和句法结构尽可能地与原文保持一致，即保留原文的修辞效果和民族特色。习语形象化往往能起到"画龙点睛"之效，但它并非完美无缺，常常会造成误解。有时候，译语读者对于习语中的形象比喻可能并不熟悉，但为了保留其鲜明的民族特点和语言魅力，仍然需要采用直译方法，只要译文表意清晰、朗朗上口，就能为译语读者所领会和接受。并且随着人们对译语的反复接触和广泛使用，直译过来的习语渐渐融入译语当中，从而丰富了译语语言。

例如：

build castles in the air（建空中楼阁）

shed crocodile tears（掉鳄鱼眼泪）

armed to the teeth（武装到牙齿）

袖手旁观（standing by with folded arms）

画饼充饥（draw cakes to allay hunger）

大海捞针（fish for a needle in the ocean）

直译法既保存了原文的字面意义、形象意义和隐含意义，又保留了原文的风格。但在习语直译过程中，我们易犯"望文生义"的错误，也就是根据字面意义就将英汉习语联想、对应起来。比如，eat one's words 常被误译为"食言"。其实 eat one's words 是指"收回前言""认错道歉"；"食言"的意思是"言而无信""不守诺言"，与它对应的英语习语应为 break one's words。短语 to wash one's hands 很容易让我们联想到"洗手不干"，而其实际意思是"断绝关系""推脱责任"。"You claw me and I'll claw you"是"你捧我，我就捧你"的意思，如果望文生义的话会译为"以牙还牙"，而其实是"互相吹捧"的意思。

在英语和汉语中，有些习语具有鲜明的民族特色、地域特色，特别是那些包含人名、地名、事件或特定文化现象的习语。尽管这些习语的直译不会引发文化冲突，但对于译语读者来说，理解其含义仍然是一项挑战。因此，对这些习语进行直译显得十分重要。对于这种类型的成语，如果不进行任何解释就直接翻译，那么译文的读者通常就很难领会其深层含义。在翻译此类语言时，必须对它们进行必要的分析研究。翻译时应先译出字面意义，再点出隐含意义，这样既保留了原文的形象和风格，又使读者在片刻费解之后恍然大悟。从译文的形式上来看，英语中的习语颇似汉语中的歇后语。

翻译习语时要注意以下三个方面：

第一，不要把译语的民族或地方色彩强加到源语中去。

第二，每个成语都带有各自的感情色彩，或褒或贬，也可能褒贬皆可或中性，翻译时要分辨清楚。

如"most killing manner"（笑煞人的滑稽相）并无贬义，如果译成"杀气腾腾的样子"就带有贬义了。同样，"make an example of someone"常被译作"树立榜样"，实际上前者是用来警告他人，是"惩一儆百"的意思，而"树立榜样"在汉语中是褒义词。

第三，注意习语的变体。习语有时掩首藏尾或以缩略形式出现，如果读者不熟悉原来的习语，往往会不明其义。例如，When the cat's away 出自俗语"When the cat's away, the mice will play"（猫儿不在，鼠儿成精）。jack of all trades 源自 jack of all trades and master of none（杂而不精的人）。

第二节　意译技巧

意译是指通过对原文深层意蕴的理解将原文的表层结构转化为译文的表层结构，即打破原文的语言形式，用译文的习惯表达形式把原文的意蕴再现出来。但形式的转换和再创造必须服从原文信息的传达，不可偏离原文的内容与风格而随意发挥。

意译的核心是灵活变通。例如，"班门弄斧"的英译文"to teach fish to swim"就是典型的意译。该英译文在保留了汉语原文中暗指的"自不量力"之意的同时，改变了汉语原文中的两个形象——"鲁班"和"斧头"。又如，"天涯何处无芳草"

的英译文"There are plenty of fish in the sea"将汉语原文中的两个形象——"天涯"和"芳草"分别改变形象并处理为"sea"和"fish",是意译方式。再如,"挂羊头,卖狗肉"的英译"cry up wine and sell vinegar"也是典型的意译,因为汉语原文中的"羊头"和"狗肉"在其英译文中被改变为"wine"(酒)和"vinegar"(醋)。

使用意译的原则是:如果源语读者和译语读者所处的地理位置、风俗习惯、宗教信仰、历史典故等方面存在差异,在翻译时,译文在保留原文内容的同时,可以改变原文中的形象(形式),以方便译语读者理解,瞬间引发共鸣。例如,"沉鱼落雁"语出《庄子·齐物论》:"毛嫱丽姬,人之所美也;鱼见之深入,鸟见之高飞……"用现在的话来解释就是"毛嫱、丽姬那么美,以至于鱼儿见到她们就赶快沉到水底;正在高空飞翔的大雁见到毛嫱、丽姬那么美,顿觉自愧不如,再没有了展翅高飞的自信,于是落到了地面"。后人用"沉鱼"和"落雁"分别喻指西施和王昭君——中国古代四大美女中的两位。若将"沉鱼落雁"直译为"as beautiful as Mao Qing and Li Ji"或"as beautiful as Xi Shi and Wang Zhaojun",对不太关注他国情况更不用说历史的普通英语读者来说会觉得译犹未译。

在英语国家中,除了极个别汉学家,鲜有民众知道"西施""王昭君",更不用说"毛嫱"和"丽姬"是何许人也。用直译法来将"沉鱼落雁"翻译成英语,普通英语读者难免会感到困惑。如采用意译法将"沉鱼落雁"翻译成"as beautiful as Helen",则立刻能引起普通英语读者的共鸣,明白汉语原文的含义。因为很多英语读者知道海伦(Helen)是古希腊美女。

周恩来总理在1954年4月率领中国代表团参加日内瓦会议时,将即将在大会休会期间上映的中国彩色越剧电影片名《梁山伯与祝英台》意译为"*The Chinese Romeo and Juliet*"(中国的《罗密欧与朱丽叶》),为当时的翻译人员解了围。电影"中国的《罗密欧与朱丽叶》"一经放映,果然引起了外国官员、记者的极大兴趣和反响。电影放映时,观众果然入戏了,全场鸦雀无声,全都看懂了。当演到"哭坟"和"化蝶"时,很多观众发出一片同情的感叹声。周恩来亲自参与一部中国电影片名的英译成为中国翻译界乃至世界翻译史上的一段佳话。可以说,20世纪西方翻译界提出的归化(domestication)、顺应(adaptation)以及现如今流行的本地化翻译(localization)都是意译的"别称"。

必须指出的是，有时候直译与意译效果相似，如"一箭双雕"既可以直译为"to shoot two hawks with one arrow"，也可以意译为"to kill two birds with one stone"或"to win the affection of two beauties at the same time"。但有时候为了方便源语受众或者出于推广源语文化的需要，应选择二者之中更恰当的一个。例如，"不到长城非好汉"不宜采用意译，最好直译为"He who is not a hero until he reaches the Great Wall"。再如，"江山易改，本性难移"就不宜直译，最好意译为"Can the leopard change its spots"或"You cannot make a crab walk straight"，这样更能引起英语读者的共鸣。

盎格鲁 - 撒克逊民族被大西洋环绕，在长期的生产和生活活动中创造了很多与鱼、大海、水和航行相关的习语。而汉语民族历来是大陆性民族，其在生产生活活动中所产生的习语大多与陆地相关。因此，"天涯何处无芳草，何必单恋一枝花"的意译——"There are plenty of fish in the sea.Why get obsessed with this fish alone"就要比其直译"You can find flowers everywhere in the world.Why get attached to one flower"更能激发起被大西洋环绕的盎格鲁 - 撒克逊民族的共鸣。

采用意译法来英译汉语习语是由于中、英民族分别位于不同的地理位置。中国处于东半球，英国处于西半球，两个民族在宗教信仰、风俗习惯、生活阅历以及对同一事物（动物）的认知方面不尽相同。在汉语中，我们嗔怪比较亲近的人时，常将对方比喻为"馋猫"，然而"猫"在英语文化中常指"阴险、恶毒的女人"。在汉语文化中，"狐狸"是狡猾的代名词。在英语文化中，"狐狸"因为长着漂亮光滑的皮毛，因而成了"漂亮"的代名词。因此，当听到以英语为母语的人士对女性说"You are a fox"，请不要误以为其在骂对方，其实是在夸对方"漂亮"。在处理具有异域文化特征谚语的翻译时，意译更能保留原谚语的最大特性——富有哲理性的功能。比如，将"冰冻三尺，非一日之寒"意译为"Rome was not built in a day"则立刻会让以古希腊、古罗马神话和《圣经》为文化渊源的英语读者领悟原文所蕴含的"事非突然，而是长久积累、发展结果"之意。当然，有些习语的翻译，直译和意译的效果相同，很难说孰优孰劣。比如，"班门弄斧"既可直译为"to show off one's proficiency with axe before Lu Ban, the master carpenter"，也可意译为"to teach fish to swim"或"to teach one's grandmother to suck eggs"。

总之，习语之所以能采用直译法，是因为尽管中、英两个民族身处不同的地理环境，具有不同的思维方式、风俗习惯和宗教信仰，但有时他们对同一事物或现象的感受是相同或相近的。如果源语与译语习语所蕴含的内容相同，而形式（象）不同，这时宜用意译法。如，"一个和尚挑水吃，两个和尚抬水吃，三个和尚没水吃"（A boy is boy, two boys half a boy, three boys no boy）、"入乡随俗"（When in Rome，do as the Romans do）、"画蛇添足"（carry coals into Newcastle）、"拆东墙补西墙"（rob Peter to pay Paul）、"沉鱼落雁"（as beautiful as Helen）等。

实际上，直译与意译是习语（如俗语、谚语、典故、歇后语、俚语等）翻译最常用的两大方法。习语直译的优点是译文既保留了原习语的内容，又保留了原习语的形式（象），其缺点是译语读者很可能会对译文中所保留的原习语的形式（象）难以理解和接受；采用意译法来翻译习语，其优点是原习语的真实内容在译文中得以再现，但原习语的形式（象）在译文中被加以改变，以方便译语读者的理解。

习语的翻译到底采用直译还是采用意译，往往遵循如下原则：如果源语与译语习语所蕴含的内容和涉及的形式（象）恰好吻合，则宜采用直译法，如"颠倒黑白"（talk black into white）、"趁热打铁"（Strike while the iron is hot）、"隔墙有耳"（Walls have ears）、"欲速则不达"（More haste, less speed）、"滚石不生苔"（A rolling stone gathers no moss）、"熟能生巧"（Practice makes perfect）等。

第三节　套译技巧

套译是借助或套用英语中的习语来翻译汉语成语，也称为借用翻译法。套译法实际上是一种直译法，属于归化译法。尽管中国和英国在生活背景、传统习俗和民族特质上存在差异，但在心理反应、情感表达、逻辑推理和社会经验等方面也有很多相似之处。这在语言上表现为英语和汉语中都有一些含义相似的习语。

一、形式和内涵完全对等的套译

在汉语和英语的习语中，某些习语在其内容和形态上都是完全一致或几乎一致的，它们在意义和修辞上都有相似或一致的特点。在翻译这类汉语习语时，可以直接套用英语同义的习语，这样能最大限度地保留汉语习语的比喻、形象和民族色彩，可以给外国读者带来新鲜、生动和耳目一新的感觉。

例如：

火上浇油：add fuel to the fire /pour oil on fire

如履薄冰：to be on thin ice

井底之蛙：to be like a frog at the bottom of a well

三三两两：in /by twos and threes

隔墙有耳：Wall has ears

浑水摸鱼：fish in troubled waters

从上述例子可以看出，形式和内涵完全对等的套译既能保持原文的形式，又能保持原文的特色内容。在这类翻译里，汉英成语具有完全相同的形象和比喻。形式和内涵完全对等的套译是一种形神兼顾的翻译，能使英语读者一目了然，产生相同或类似的联想，能充分传递汉语成语包含的信息，并使读者欣然接受。

对于"牢不可破""史无前例""口蜜腹剑"这些英语中没有现成习语可以套用，但字面形式和比喻形象都能为英语读者所接受的汉语成语，则可以完全直译，即把成语中的每个部分都直译出来。

二、形式和内涵不完全对等的套译

正是由于汉英两种语言的不完全对应，在套用英语习语翻译汉语成语时，就会出现形式和内涵不完全对等的套译：内容相同，但形式有差异。这种差异主要体现在以下三个方面：

第一，在英语译文中改变成语的字面形式或比喻形象。

例如，"艳如桃李"一词的翻译可以直接套用英语中的习语 as red as a rose。按照英语习惯，形容女人脸色的"红润""绯红"要用"玫瑰"来类比，如果在译文中硬把"玫瑰"换成"桃李"，反而不符合英语的习惯。

第二，英语译文完全采用与汉语成语不同的语言形式和设喻方式，但喻义相同，也就是说，二者只是神似。

例如，"山穷水尽"可以套用英语习语 at the end of one's mpe，但它们的区别十分明显：汉语是两个动宾短语，而英语是一个介词短语；汉语是用"山路已尽"和"水到尽头"来比喻陷入绝境、无路可走，而英语是用"像动物一样被拴在绳子的尽头"来比喻"束手无策、毫无选择"。虽然二者的语言形式和设喻方式完全不同，但表达的含义基本相同。

第三，在英语译文中省略部分汉语成语的内容。

例如，对于"破釜沉舟"一词，可以套用英语习语 bum ones hoats，但英语译文只体现了汉语"沉舟"的意思，省略了"破釜"的意思。虽然形式和内容上有些缺失，但 burn one's boats 这个习语已经足以显示"不留后路，誓死一搏"的含义了。又如，"同心同德"可以套用英语短语 with one mind，省略了对"同德"的翻译，因为 with one mind 包含了"同德"的含义。

下面是一些不完全对等套译的例子。

沧海一粟：a drop in the ocean

挥金如土：spend money like water

害群之马：a black sheep

笑掉大牙：laugh off one's head

掌上明珠：the apple of the eye

原形毕露：show one's colors

骨瘦如柴：as lean as a rail

第六章　英汉翻译相关领域拓展

　　翻译具有鲜明的符号转换性、文化传播性。翻译作为一项语言和文化的转换活动，它的目的在于实现思想的沟通、视野的开阔，进而推动社会的发展。没有翻译的媒介作用，科技的推广和文化的交流都无从谈起。本章内容为英汉翻译相关领域拓展，主要围绕英汉翻译在英语视听说课程中的应用、人工智能背景下的英汉翻译两方面展开论述。

第一节　英汉翻译在英语视听说课程中的应用

语言是交流双方获取或传递信息、思想和感情的媒介，不同的语言转换遵循特定的规则和理论指导，深入理解和掌握这些语言转换的规则和原则对于原文的准确传达是非常关键的。在英语视听说课程中融入翻译理论，不仅可以加深学生对英语的理解，还能培养他们的跨文化交际能力。在这一过程中，翻译不仅是语言的简单置换，更是一种跨文化的沟通艺术。因此，高校应该在英语的视听说课程中整合与翻译相关的知识，并以特定的翻译理论为教学指导，帮助学生克服语言上的障碍，从而更好地理解英语所传达的信息和思想。

一、英语视听说课程内容和特点

传统模式的高校英语视听说教学，主要就是为了更好地培养学生在实际环境中对视听材料的深入理解和英语的表达技巧，这不仅可以增强学生的英语语言和交际能力，还能使他们更全面地掌握西方国家在政治、文化、经济和社会等多个领域的知识。这种教学模式遵循的原则是"输入到内化，再到输出"的语言教学规则，也就是教师借助视听等多种多样的途径，为学生输入非常多的、能够理解的语言，并运用讲解、讨论、练习等方式，让学生将这些语言内化，输入到自己的大脑中，让学生更好地存储语言知识，接着学生可进行论述、写作、表演等活动，进行语言输出的练习。此种教学模式有着"视听说"三位一体的优势，能够从多个方面培养学生的多项技能实践能力，并且多种技能并非简单地重复叠加，而是构成有机结合体，贯穿于教学活动的始终。

视听说课程的重要特点是其全面性，因此，该课程不仅是针对学生具体单一技能的训练，更是多方面的综合训练。视听说课程教学内容包括听力、语言、文化知识等，在此基础上大量利用政治、经济、文化、艺术以及其他领域的英语新闻、影视、电视节目等为课程的背景资料。在基础阶段，扎实的听力训练是必不可少的，因为有了真实语料的支持，学生接触的英语才是最自然的，才能帮助学生更好地了解现实生活中的语言，尤其是有助于提高口语的运用能力。此外，电影、纪录片、电视节目等反映现代生活的语言也具有一种时代感，在选择英语原版电影或电视作品作为教学材料时，要注意内容与时机。课堂上要先阅读材料，然后提出一些与材料有关的问题，这样就可以在听说练习之前让学生提前熟悉语料的语言和文化背景，以获得良好的教学效果。如今，网络媒体蕴含丰富的资源和先进的教学手段，为自编教材提供了广阔的发展空间，还可以根据学生的特点，选择有针对性的教学内容，并不断进行更新，通过多种教学手段的组合效应，提升教学效果。

二、英汉翻译与英语视听课程教学

（一）基于泰勒模式建设综合化视听翻译课程

美国教育学家拉尔夫·泰勒被尊称为现代课程理论的奠基人，他所提出的以泰勒为核心的课程开发目标模式，已成为课程建设中的主流理论方向。泰勒模式的灵活性和适用性使其成为课程设计的重要工具。泰勒模式的泛化理解主要集中在以下核心问题上：如何实现课程目标、如何选择课程内容、如何组织教学流程以及如何评估学习成果。在这一背景下，视听翻译课程的开发更需注重学科融合，将语言学、传播学与技术应用相结合。

1. 三位一体课程目标的确立

早在 2019 年，教育部已经公布了《关于一流本科课程建设的实施意见》。该《意见》强调在本科课程建设中要注重"多学科思维融合"与"跨专业能力融合"，并明确了一流本科课程的目标，即"坚持知识、能力、素质有机融合"，以培养具有多种技能和应用能力的人才。在本科学习阶段，视听翻译课程的核心目标是实现视听翻译知识、技能和个人素质的完美结合。知识就是对翻译理论基础知识的掌握，在多学科思维融合与跨专业能力融合的指导下，本科阶段的视听翻译课程更加注重培养学生的综合能力，这种综合能力包括但不限于字幕翻译、电影配音以及媒体的无障碍传播，这是一种全面的视听翻译能力。在视听翻译的实践中，不仅需要丰富的专业知识和技能，更需要对不同语言和文化的深入理解。素质是指拥有高度专业和职业化的译员所需的素质。在不断发展的视听翻译领域，不仅需要丰富的语言知识，更需要不断提升自身的技术水平。只有当这三个要素完美结合时，才能满足视听翻译领域的市场要求。

2. 综合化课程内容体系的建构

在选择视听翻译课程的内容时，需要以泰勒模式作为理论基础，将语言学、计算机科学、新闻传播等多个学科的内容进行交叉整合，从而构建一个跨学科、综合性的视听翻译课程体系。还可以借鉴基础教育阶段的综合课程开发经验，来实现课程内容的综合化。此外，还可以将计算机、新闻传播等多个学科与外语学科进行交叉融合，探索多学科知识的整合，从而构建一个综合的视听翻译课程体系，实现知识、能力和素质的完美结合。视听翻译这门课程的详细内容可以被划分为两个主要部分：理论和实践。

（1）理论模块

"视听翻译理论知识"详细描述了这个领域的演变、核心观念、译员的职业品质以及他们的道德标准等内容；"字幕与配音"这一部分深入探讨了字幕翻译的历史沿革和现状；"翻译工具"为学生展示了在视听翻译中经常使用的工具，帮助他们熟悉并熟练掌握字幕编辑软件的操作。

（2）实践模块

在"字幕翻译实践"中，选择电影和电视的片段作为研究对象，团队合作完成脚本的翻译、时间轴的制作、字幕的嵌入以及转码合成视频等多项任务；在"配音翻译实践"中，选择影视片段作为案例，并以小组形式完成配音台本的翻译工作。

3. 整合性教学过程的组织

在泰勒模式中，学习经验的组织需要重视其"整合性"。[①] 这种整合性不仅表现为课程间关系的整合，更体现在学生个体对教学内容的综合把握。构建综合化的课程内容体系决定了教学过程整合性的组织方式，在本科教学阶段，当组织视听翻译的教学活动时，需要在外语翻译技能的培训基础上探索多学科知识的融合，确保教师队伍的跨学科融合和教学资源的多角度选择。

（1）组建混合式教学团队

视听翻译课程建设可在外语翻译技能的基础上寻求多学科之间的融合，可以

---

① 李润洲. 学校课程建设的课程论阐释 [J]. 基础教育，2019（4）：45-50.

邀请本校管理学院、电气学院和计算机学院的教师，也可以与其他院校或翻译企业等机构的专家、导师进行合作教学，并明确教学中的重点和难点。在高校内部，顶层设计是必要的，可以组建一个领导小组来全面协调视听翻译课程的一体化建设。同时，还需要加强各个年龄段，包括老、中、青的教学队伍建设，并派遣年轻教师前往欧美高校进修学习。

（2）不拘泥于固定教材

视听翻译课程的教学资源不应仅仅局限于某一本固定的教材。在教授翻译理论时，可以参考相关教材。在课堂实践中，应尽可能使用第一手的视听资源，包括字幕翻译和配音、视听翻译技术工具等，以确保教学资源能够与时俱进，拓展课堂内容的广度和深度。

4.多样化考核方式的采用

泰勒的教学模式强调多样性，并要求多次对课程进行评估。视听翻译课程应根据不同阶段学生的特点及需求采取灵活多变的教学方式。视听翻译课程的评估不仅仅局限于笔试和论文，还可以采用提交翻译报告、听译视频等方式。在学期结束时，学生可以选择字幕翻译或配音翻译中的任何一种方式作为考核的主题。通过对不同教学阶段和教学内容进行分析，教师可以针对课堂上出现的问题或重点环节制定相应的评价标准，指导学生自主学习，实现学习效果最大化。

（二）基于字幕翻译的视听翻译教学应用策略

不同媒介环境下所采取的译法不尽相同，这就导致了对同一类型作品采取的翻译策略可能会有所不同。

由于字幕翻译具有特殊性，因此对不同类型的影视作品应选择相应的翻译方法和策略，以提高译文质量。无法忽视的是，某些翻译模式之间存在某种相似性，例如，无论是配音还是字幕，它们都可以用于影视节目的翻译，并且可以使用一些通用的翻译方法。有学者对字幕翻译和配音的策略进行了总结（表6-1-1）。

表 6-1-1 字幕翻译与配音的策略 ①

策　略	定　义
省略	完全省略文化特色
直译	目标文本的译法尽可能贴近原文
借译	来自源文本的词汇用在目标文本中
对等	译文在目标文化中有相似的意义与功能
改编	根据目标语言与文化调整译文，生成与原文相似的内涵意义，可视为一种对等形式
替代	用指示词替代文化词汇，特别当指示词得到屏幕上动作或图像的辅助
概括	称为对原文的中和
明晰化	称为对原文的中和

一些学者对字幕翻译的三大核心策略进行了探讨，分别是省略、缩减和释义，他们认为这三种策略是字幕翻译的标准方法。

在选择翻译策略时，需要权衡哪些策略更适合于视听翻译，并确定哪些策略能够解决特定的翻译难题。策略选择受到多种因素的影响，而这些因素所依据的准则也各不相同。以字幕翻译为研究对象，一些国外学者列举了字幕翻译过程中的多个关键要素，并主张基于这些要素，对每一个具体的翻译问题进行深入的分析。国内一些学者则从文本类型、语体风格及受众群体等角度出发，提出自己的观点。在选择视听翻译策略时，存在以下标准：

1. 选择视听翻译模式

在视听翻译领域，不同的翻译模式都有其特定的限制条件，而每一种模式都会根据其特性来优先考虑某些特定的翻译策略。在具体实践中，可以通过文本分

① PETTIT Z.Connecting Cultures [M].JORGE D C.New Trends in Audiovisual Translation.Bristol: Multilingual Matters,2009: 44−57.

析或实例对比来确定哪种模式适合自己的需求，并以此为依据进行相应的翻译策略选择。在常见的字幕和配音技术中，前一种更注重缩略效果，而后一种则特别受到口型的制约，这使得两者在策略选择上存在差异。与传统的书面翻译相比，字幕翻译更倾向于采用缩减策略，这主要是因为字幕翻译受到时间和空间的制约。由于文字本身存在着一定长度和宽度的空白区，因此文字可以采用缩略词或者省略符号的方式来实现压缩或减少信息容量的目的。考虑到空间的限制，当需要在屏幕上添加字幕时，图像可能会受到干扰。由于字幕是以文字形式呈现，所以还必须保证字体大小一致。在确定字幕的播放时间时需要考虑字幕与屏幕的同步显示时间、字幕之间的间隔以及观众的平均阅读速度等因素。字幕的质量还受文字本身长度影响，即通常说的"字体大小"问题。

另外，字幕和配音这两种模式所具有的独特性，决定了在策略选择上的主要方向。语言不同，译作的内容和形式必然会有所差异，它必须考虑读者的接受能力和接受程度以及观众的审美情趣，才能取得最佳效果。字幕版本保留了原始的声音，并将字幕作为翻译内容加入屏幕中，实现字幕、画面和声音的同步显示。因此，在进行字幕翻译时，应尽量采用与原文对白相匹配的策略，例如，对等和直译等。在配音版中，由于无法听到原始声音，因此选择用目标语的对白来替换原声。配音对翻译策略的选择自由度更大，多采用意译、省略、概括、改编、替代等。

2. 真正明确目标观众

在选择策略时，目标观众也被视为一个关键的评价标准。视听翻译是一个涉及社会层面的领域，需要深入了解观众的实际需求和他们的接受度，确保科技的成果能够尽可能地满足用户的期望和需求。另外，受众对电影艺术的理解和欣赏水平决定了影视作品是否能为大众所喜爱。在制作影视节目时，必须针对目标观众进行，节目的成败在很大程度上依赖于观众的满足程度。在视听翻译过程中，译文的准确性应高于观众的实际交流需求。这是因为影视文本本身就是一个复杂系统。为了更好地满足观众的阅读需求，核心目标是增强译文的吸引力，减少观众在处理信息时的注意力，并努力提供必要的支持，以消除他们在欣赏电影情节、视觉效果和音效上可能遇到的困难。在这个基础上才能进行有效的传播和营销活动。

　　接下来，将通过被翻译成西班牙语的配音版和字幕版本的美国电影《阿甘正传》来进行详细解释。配音版与字幕版在语言风格上有所不同，前者更注重口语化和通俗性，后者强调文学性及艺术性。这部电影描绘了美国历史中三个不稳定的阶段，涵盖了大量的美国历史事件和文化标志。而将其翻译成西班牙语的配音和字幕版本需要根据观众的身份、所处环境以及与原始观众的文化差异来确定主要的翻译方法。配音版的目标受众为外国人，而字幕版的目标群体主要为本国人。如果配音版的目标观众是西班牙人，考虑到他们对美国的历史和文化不太了解，与美国观众没有共同的文化背景，因此，译者主要采取改编策略，必要时对源文本进行改编，这样不会让目标观众感到疏远，使他们能够沉浸其中，更好地欣赏影片的内容。然而，如果字幕版主要针对的是居住在美国的拉丁美洲人和波多黎各人，他们对美国的文化有深入的了解，并与原始版本的观众共享大量的文化内容，那么他们很少会选择进行改编。在翻译某些人名时，他们甚至会采用借译的方法，确保译文与原始声音完全一致，但这并不会影响他们之间的交流。这两个版本是为不同的观众群体制作的，它们不仅在总体策略上有所不同，而且在翻译单一的文化典故时，也需要评估观众的理解能力，从而选择不同的翻译方法。

　　3. 合理分析源语文化

　　在视听翻译过程中，源语文化对翻译策略的作用主要是由其语言和文化的地位来决定的，也就是说，影视作品的原始语言是源自主流还是次级语言群体，以及原始作品的文化是属于优势文化还是非优势文化，对视听翻译策略的选择有着一定的影响。

　　源语的文化地位对翻译具有本地或"语言外文化特色词"的影响尤为显著，特别是在为特定文化事件命名的名词和名称方面。因此，译者应充分考虑目的语受众的文化背景，从而采取不同的翻译方法来实现预期效果。以字幕翻译为例，从主要语言到次要语言群体的翻译被称为"顺流型字幕翻译"，从次要语言群体到主要语言群体的翻译则被称为"逆流型字幕翻译"。不同的文化背景、生活环境、宗教信仰等因素，导致了两种字幕翻译方法具有一定程度上的差异性。这两种字幕翻译所使用的方法展现了它们之间的总体差别。其中，顺流型字幕的译文往往能获得较高的票房收入，而逆流型的译文则可能无法得到预期收益。

4.其他策略选择标准

除了上述的主要准则，还存在其他可能的参考标准，例如，传播渠道、节目的种类和内容、翻译的机构和服务受众，以及译文忠实度等，这些都是基于具体的翻译任务来确定其重要性或选择的。此外，由于不同受众群体具有差异性，因而需要采用适合于该群体特点的翻译方法和技巧。视听节目的传播渠道涵盖了电影、电视和电子游戏等多种形式。

不同类别的影视具有各自的特点和优势，可以根据自身情况选择相应的翻译策略。负责翻译工作的机构和其服务受众都有自己独特的准则和需求，这也在某种程度上影响了他们选择的策略方向。译者要想取得较好的忠实效果，应根据不同情况选择适当的忠实度策略。高忠实度的策略既保留了原文的独特性，又进行了直接翻译。低忠实策略有删减和增补，是增加信息含量的有效手段。低忠实度可以通过详细描述、总结和替换来体现，它是改编策略的典型代表。补充和重构等策略虽然不符合忠实度标准，但其使用频率较高，且效果显著。省略策略的忠实度是最低的，是一种具有严格删除特性的方法。译者要想获得较好的译文效果，就必须兼顾不同类型策略对原文忠实程度的影响。

三、基于 ESP 教育理念的英语口译课程教学

ESP 教育理念是 "English for Specific Purposes" 的缩写，可以被解释为一种专业英语。它将英语应用于实际工作环境中，以达到更好的学习效果。这一教育理念强调英语教师应在课堂教学中培育学生全面的实际应用技能，以便学生能在各种不同的行业环境中，娴熟地运用英语知识进行有效的表达和交流。

（一）ESP 教育理念在英语口译课程教学中的作用

ESP 教育理念有助于显著提高口语课堂的教学效果，并激发学生对口译内容产生深厚的学习热情。在高校的英语口译课程中，ESP 教育思想主要展现出两个显著的优点。

1.提升大学生对口译内容的使用能力

ESP 教育理念强调大学生在日常生活中运用英语口译知识的能力，从而使学生在未来的职业生涯中能够熟练地运用英语进行专业交流。ESP 教育理念旨在帮

助学生对其所学专业有更深入的了解，并鼓励他们运用英语思维进行沟通和学习。当遇到复杂的问题时，学生不再仅仅依赖教师，而是利用自己的独立思考能力进行探索，从而加强英语专业与其他专业之间的联系，同时也能帮助学生提高良好的语言综合素养并培养跨文化交际意识，促进他们更好地适应社会发展的需要。从这个角度看，ESP 教育理念有助于避免学生陷入"无目的的学习"和"机械记忆"的困境，使他们能够真实地利用口译的内容进行有效的沟通和交流，进而提高口译知识的实际应用价值。

2. 帮助学生将专业知识与英语知识建立联系

在高校的英语口译课程中，学生对同一知识的吸收和理解能力可能会有所不同。因此，授课教师应根据学生自身特点制定相应的教学策略。ESP 教育理念旨在帮助学生将他们的专业知识与英语知识紧密结合，使他们能够学习并掌握更符合实际生活需求的口译内容。这种方法不仅能激发学生对专业英语的学习热情，还能与专业知识相结合，进行有效的口译学习，从而实现更高效的学习。

（二）ESP 教育理念在英语口译课程教学中的具体应用

为了在口译课程中更好地融合 ESP 的教育思想，授课的教师需要从四个关键领域进行教学方法的优化。

1. 学校需要为学生建立一个更加系统、全面的口译课程体系

如果大学管理层想要提高英语口译课程的教学水平，就必须从根本上解决问题，不断提高教师的教学能力，并据此为学生建立一个完整的课程体系。此外，还应该通过构建良好的学习环境以及加强与学生之间的沟通交流等方式来优化英语翻译课堂教学质量。为了进一步丰富英语口译课程的教学深度和范围，教师可以根据其专业背景和教学内容来调整和完善课程体系，使其更为系统化和全方位。同时，通过开展多样化的教学方式和手段来激发学生学习兴趣。这样，基于 ESP理念的教学内容就能更好地适应大学生的实际需求，并在教师的指导下积累丰富的口译实践经验。

2. 引导学生进行阅读训练，提升学生对关键词的把控能力

大学英语翻译专业学生的培养应该结合其特点和实际情况，采取科学有效的方法。因此，口译教师可以指导学生进行阅读练习，通过这种方式逐渐提高学生

的口译能力，同时也要鼓励他们多看、多读，并对文章内容和结构等有一个初步认识。

3. 将 ESP 教育理念与情境教学理念进行结合，提升学生的实践运用能力

依据 ESP 的教育思想，为学生构建多样化的学习环境。为了增强大学生在口译课程中的参与度和专注度，口译教师可以在课程开始时，依据 ESP 教育理念，为学生创造多样化的学习环境，从而更有效地让学生投入到课堂学习之中。通过设置多样化情境，可以提高学生对口译课重要性的认识，并激发其参与兴趣和热情。教师所创建的场景既可以是学生日常生活中经常遇到的，也可以是虚构的。这些情境都能够激发学生对于口译知识的兴趣和热情，提高他们的注意力以及记忆力。举例来说，当教师为学生开设了"公共文稿翻译"这一主题课程后，口译教师可以从网络环境中筛选出国外大型企业高层的发言视频，学生在观看这些视频时应学习如何准确地把握关键字，从而更准确地理解公共文稿的核心内容。

4. 对口译课堂的教学环节进行创新，提升课堂的专业化水平

在 ESP 教育理念的指导下，口译教师需要对教学环节进行创新，根据学生的实际能力进行专业化的教学，并将分层教学理念整合到课堂教学中。在这种创新的教学方法中，教师不仅要对口译内容的基本知识进行层次化的教授，而且还要对其专业知识进行层次化的教授。因此，为了教学过程的流畅性，教师需要对传统的教学模式进行优化，并在课堂教学和课后练习环节实施层次化的指导。通过这种方法，学生可以从不同的角度去学习，提高他们的翻译技巧。此外，教师还可以结合课堂中出现的问题设计出针对性较强的练习题。练习题的难度应该分为三个级别，学生可以根据自己的能力来自行练习。另外，口译教师还应该注意给不同类型的学生分配相应的练习题。对于学习能力相对较弱的学生，口译教师可以为他们设计低难度的练习题，并在学生遇到问题时，指导他们识别关键字；对于学习能力较强的学生，则可将他们分成两组分别训练，一组是基础组，另一组是专业组，通过不同方法帮助学生完成相关任务。

第二节　人工智能背景下的英汉翻译

随着人工智能技术的不断进步，机器翻译语言的处理能力也在持续增强。目前，机器翻译已被广泛应用于商业和教育等多个行业中。对于学习翻译的人来说，机器翻译有助于解决双语信息不一致问题。尽管我国的机器翻译技术开始得相对较晚，但它在相当短的时期内取得了显著的进步。在某些方面，它与国外的机器翻译技术不相上下，特别是在汉语与外语的互译上，甚至超越了国外的机器翻译技术。

一、译前编辑

做好译前编辑，加工出机器可以识别的文本，可大大缩短译后编辑的时间，优化人机互助翻译模式。

（一）基于词汇层面的译前编辑

翻译之所以复杂，是因为两种语言中的词汇并不总是一一对应的。在汉英互译的过程中，要尽量使译文与原文中的意义一致或相近。在进行翻译的过程中，某些词语需要根据其所处的上下文进行延伸，而不能仅仅从文字的表面来解读。因此，译前编辑必须对这些词汇做必要的了解和分析，以便选择适当的方法来完成译文中出现的所有单词或短语的意义传达工作。翻译可以被划分为三个不同的类别，分别是语内翻译、语际翻译以及符际翻译。其中，语际翻译是指在译入语中找到合适的词作为译文所需词语。语内翻译是指在同一种语言中，不同的语言变体之间进行的翻译活动，例如，将文言文转译为白话文，或是将各种方言转译为普通话。在这一类中，译者通常要对文本进行分析、归纳和总结，然后再选择合适的方法来确定相应的词语或句子，最后按照一定的规则进行转换，完成一个完整的译本。译前编辑实质上是一种语言内部的翻译工作，其目的是将作者想要传达的信息以准确和无歧义的中文重新表达，这样在机器进行翻译的过程中，就能直接与相关的专业术语进行匹配，从而便于译后编辑。

1. 针对词义模糊的要做到词义具体化

译前编辑利用语言内部的翻译手段，将含糊不清的词语转化为具体的词义，这不仅增强了原文的表达能力，还使得机器翻译能够更准确地解读词义，从而得到更优质的译文。

2. 针对熟词偏义要采取解释法

"熟词偏义"是指某些词汇具有很强的隐秘性，经常被误解为大家都非常熟悉的意思，但实际情况并非如此。例如，将"相机调控"翻译为"camera control"。该例中的"相机"这个词是从经济学的角度引入的，它的含义是指在不同的时间和情境下，能够灵活地进行调整，并采用各种不同的策略来进行管理和调节。在翻译过程中，译者应从语言形式上的准确性和表达效果上的生动性来考虑是否选择对等的翻译方法。然而，这里的翻译并没有基于上下文来选择恰当的语义，而是直接采用了常见的翻译含义。这种不恰当的译法造成译文与原文意义上的脱节，甚至产生歧义。因此，可对其进行译前编辑处理为"适时调控"，则参考译文为 well-timed regulation，符合语境。当然，随着翻译软件语料库的不断扩展，熟词偏义类词语也会逐步被吸纳到语料库中，如若给出充足的上下文，机器翻译也会作出更加准确的判断，从而选择更加符合语境的含义，翻译的准确性也会逐步提高。

3. 针对不同表达要采取统一替换法

汉语在某些情况下可能会用不同的词语来描述同一事件或同一个体，而在机器翻译过程中，经常会将其误读为不同的事件或不同的人，这导致了翻译上的失误，给目标语读者带来了困惑。

例如：这也就是迅翁说的那句名言……

常见的翻译有如下三种：

This is what Xun Weng said

This is the famous saying of Xun Weng...

That's what Xun Weng said...

实际上，"迅翁"是后人对鲁迅的尊称。上述三种翻译将"迅翁"识别为人的名字，出现错误翻译。因此，就要对该句话做进一步的译前编辑处理，即"这也就是鲁迅说的那句名言……", 然后再将其翻译为 This is analogous to Lu Xun's well-known observation that... 在译前编辑时, 应替换不同的表达和说法, 统一全文表述。

(二) 基于句子层面的译前编辑

英文的句子构造与树状结构相似, 其中, 句子的主要部分是树干, 而各种从句则是树枝, 这些树枝都是树干的一部分。树形和树枝的排列顺序决定了其逻辑上的独立性与完整性。汉语的句子构造与竹子相似, 一节接一节, 虽然看起来是独立的, 但实际上它们之间是相互联系的, 并且层层递进。因此, 翻译时首先要把树枝锯掉, 其次再按照汉语逻辑进行组合。译前编辑需要将树枝剪掉, 并将这些枝条连接起来, 按照汉语的逻辑结构, 形成竹形结构。

1. 伪主语类要增加主语或选择合适的主语

英语中的主语是谓语讨论和描述的核心, 是不可缺少的, 并且必须具备名词的特性。汉语的主宾语一般为动词短语。汉语中的主语并不是那么关键, 其词性有很多种, 不仅仅局限于名词。英语主语也很丰富, 除了动词, 还包括形容词、副词等其他句法成分。伪主语类主语意味着汉语中的主语并不适合作为英语句子的主语, 因此, 在这种情况下, 应该增加主语或者选择一个更为合适的主语。

例如:

读书可以增长知识。(Reading can increase knowledge.)

通常, 在线翻译软件会直接将主语识别为"读书"。因此, 在译前编辑时, 译者须根据英汉两种语言的差异, 选择合适的主语, 按英语句式结构, 改写为: 通过读书, 我们可以增长知识 (Through reading we can acquire knowledge)。另外, "增长"的英译出现错误, 机器翻译简单对应, 并没有考虑搭配的问题。

2. 针对紧缩句采取的充分表达法

汉语的表达方式简练而富有深意, 它强调句子之间的逻辑联系和不易察觉的连贯性, 经常使用紧凑的句型。为了表达清楚意思, 把某些动词短语去掉后构成新的谓语词, 这就是汉语的"紧—缩"句式。"紧"的意思是紧密, 意味着消除各个分句间的语音暂停, 使它们紧密相连; "缩"的意思是"压缩", 意味着去掉原始分句中的部分词语, 使其更为简洁。汉译时, 译者必须尽可能地把这些词缩小或去掉，使译文通顺流畅，符合逻辑。译前编辑需要恢复省略的词汇，以更完整地传达句子的含义。

例如：

当前，发展任务异常艰巨。

常见的翻译有如下三种：

At present，the task of development is extremely difficult.

At present，the development task is extremely arduous.

At present，the task of development is extremely arduous.

此处"发展任务异常艰巨"为紧缩句，充分表达后应为"我们面临的推动发展的任务异常艰巨"。经过译前编辑处理后，翻译软件能将句中隐性的成分显示出来，搭配成自然流畅的英语结构。

3. 针对流水短句采取的合并法

在汉语中，中短句是常见的，理想的长度范围是 7~12 个字。在英语中，复合句的使用较为频繁。中长句在翻译时必须根据上下文和译文目的进行选择或省略，否则会造成语义障碍甚至歧义。从汉语翻译到英语时，可以把中短句融合为长句。

例如：

这是一个秋天的下午。细雨淅沥，秋风瑟瑟。他们撑着雨伞，沿着一条弯曲的山间小道去拜望一位隐居在深山的朋友。

常见的翻译有如下三种：

It was an autumn afternoon.Drizzle，autumn wind rustling.Under umbrellas，they climbed up a winding mountain path to visit a friend who lived in seclusion.

It was an autumn afternoon.Drizzle and autumn wind.Holding umbrellas，they climbed along a winding mountain path to visit a friend living in seclusion in the mountains.

This is an autumn afternoon.The drizzle is pattering，and the autumn wind is rustling.Holding umbrellas，they climbed a winding mountain path to visit a friend who was hiding in the mountains.

这个例子是由三个简短的句子构成的：第一个句子描述时间，第二个句子描述天气，而第三个句子则是事件。其中，第一句是主语，第二句为谓语。在英文表达中，除非特别强调时间的重要性，人们通常会把时间作为状语，并置于主句之后。译前编辑采用了英语的思考模式，把时间和天气转化为句子中的状语，并将三个中文短句融合为一个英文句子。

4. 选择合适的主谓搭配。

汉语的主谓搭配到英语中可能存在不搭配的情况，因此，翻译时应警惕。

例如：

不稳定、不确定性因素日益增加。

常见的翻译有如下三种：

Factors of instability and uncertainty are increasing day by day.

The factors of instability and uncertainty are increasing day by day.

Uncertainties are increasing day by day.

在汉语中，"因素增加"的含义是"因素的数量增加"。译前编辑应充分考虑英语的搭配，不能受汉语字眼的影响，避免出现中式英语。

5. 句子成分明晰化

译前编辑需要明确句子之间的逻辑联系，并关注各个成分之间的转化。翻译中还要根据上下文语境对译文进行修改和补充。除此之外，还存在如调整语序和改变语态的具体方法。

例如：

污染防治要聚焦打赢蓝天保卫战等重点任务。

常见的翻译有如下三种：

Pollution prevention and control will focus on key tasks such as winning the battle against blue skies.

Pollution prevention and control should focus on key tasks such as winning the blue sky defense war.

Pollution prevention and control should focus on key tasks such as winning the battle to defend the blue sky.

在此例中，三种翻译均选择了将汉语主语作为英语主语。实际上，"污染防治"并不是"聚焦打赢"的施动者，真正的施动者是"我们"。因此，译前编辑需对句子成分重新调整，添加状语标志词，使句子成分关系明晰。

（三）基于语言外因素的译前编辑

语言外因素是指那些除语言文字本身含义之外的元素。如翻译过程中对文化和历史信息进行删减或修改，以及在译文中对源文本作增删改译等都会导致语言外因素。译前编辑需要对此进行核实，确保其准确性。在译文中尽量使用直译或意译。在处理隐喻、谚语、习语和俗语等不同类型的句子时，需要采用不同的表达方式。在机器翻译过程中，译者应该根据译文读者和目的语文化之间的差异，选择合适的词性组合或句式结构来再现源语言的风格。在机器翻译中，译者必须了解源文和译文之间存在的差异，这就需要译前编辑对源语做必要补充解释。译前编辑可以使用去概念的框架策略来对原文进行解释和重写。

例如：

从小在蜜罐里长大的贾宝玉，根本就不知道穷人是咋过日子的。

常见的翻译有如下三种：

Jia Baoyu，who grew up in a honeypot，has no idea how poor people live.

Jia Baoyu，who grew up in a honeypot and was clothed in fine clothes and food，had no idea how the poor lived.

Jia Baoyu，who grew up in a honeypot，has no idea how the poor live.

"蜜罐中长大"形容贾宝玉家境优越，出生在富贵之家，英语中有类似的表达"born with a silver spoon in one's mouth"。为使目的语读者更容易理解、读起来更顺畅，译前编辑可将其改写为"含银汤勺出生"，这样就能获得理想的译文。

二、译后编辑

在学界，"人"对"机器翻译"的"修改"被视为译后编辑概念的核心定义。从这个意义上说，译者与译文之间存在着一种天然联系，即翻译就是一个由不同主体参与的过程，其结果取决于这些主体间的互动作用。但是，随着全球化、信息化和计算机技术的飞速进步，以及在多个领域的广泛和深入地应用，机器翻译系统正在向集成化的方向发展，并得到了翻译记忆和术语库的有力支持。由于机器学习算法的出现与发展，使得翻译系统由简单向复杂转变。受过训练的机器翻译系统变得更为智能，其交互和适应能力也得到了增强，因此，纯粹的机器翻译输出不再被视为译后编辑的目标。在此基础上，翻译自动化用户协会（Translation Automation Users Society，简称 TAUS）对译后编辑进行了重新定义，将其视为一个复杂的语言处理过程，其主要目标是对机器翻译系统生成的原始文本进行高效的编辑，减少了人力资源的消耗。

（一）译后编辑的必要性

尽管政府类和科技类的非文学文献的机器翻译准确性相对较高，但这并不意味着译者不需要进行额外的手工操作。虽然译者可以选择机器翻译来加速翻译进程，但如果想要得到高质量和美观的译文，译者仍然需要进行译后编辑。因为机器是不能完全理解人的思维方式的，所以译者要对其作出必要的调整，使译文能够符合目的语的表达习惯。例如，在政府文件中的众多中国词汇，机器翻译往往倾向于直接翻译，但这并不能准确地传达原文的信息。此外，由于中国人对于文化知识有着很强的敏感性，如果译文出现误读或错译现象，就很有可能导致受众产生误导。因此，译者在进行机器翻译时，还需进行译后编辑，确保原文中的特色词汇能够清晰地传达其意义，从而避免非母语的读者产生误读。随着科学技术的不断发展，科技信息传播途径越来越多，而科技文本是科技知识的载体，所以，科技文本的翻译就显得尤为重要了。与政府发布的文档相比，科技文献在语言上的要求更为严格，其结构和表达方式也更为简练。因此，对于机器翻译后的科技文本，也需要译者进行人工干预。

（二）译后编辑案例分析

接下来，将利用谷歌翻译作为机器翻译的工具，并通过汉译英的案例来探讨译后编辑的核心地位，目的是客观地理解机器翻译和译后编辑的价值，并对机器翻译持有正确的态度。

对于像政府机构这类的硬文本，其翻译通常都是非常正规的。在这些文本中，某些词汇或短语具有相对固定的意义。因此，译者在进行翻译时不需要加入过多的个人情感，机器翻译的错误率也相对较低。然而，一些具有中国特色的表达方式仍然需要译者进行译后编辑。

例1：

作为全球最大的发展中国家，中国人把饭碗牢牢端在自己手上，为世界粮食安全作出重大贡献。

谷歌翻译：As the largest developing country in the world,China firmly holds the rice bowl of the Chinese people in its own hands and makes a significant contribution to world food security.

译后编辑：As the largest developing country,China meets its own food needs from domestic production,making a significant contribution to global food security.

"把饭碗牢牢端在自己手上"是一个典型的中式语言形象表达，而机器翻译采取了直译的方式，译为"holds the rice bowl of the Chinese people in its own hands"。看到这样的译文，非母语读者就会产生疑惑。很显然，原文的意思是满足中国人民的粮食需求。因此，译者进行译后编辑，将其改译为"meets its own food needs"。

因此，尽管机器翻译确实加速了译者的翻译进程，但对于某些特定文化背景下的形象呈现，译者还需进行调整，即译后编辑，以更好地满足读者的需求。

例2：

如发生烫伤，不要包扎，应立即到医院处理。

机翻译文：If there is a burn,do not bandage and immediately go to the hospital for treatment.

译后编辑：Any scald occurred requires no bandage but quick delivery to hospital for further treatment.

机器在翻译原文时，往往是按照字对字的处理方式，这导致了句子中的中式英语表达留下了过于明显的痕迹。在翻译过程中，译者需要考虑到不同语境下句子的语法错误以及语义信息缺失等问题。为了让句子的表达更为真实和地道，译后编辑主要从"伤口"这一视角进行翻译，从而改变句子的结构，并增强句子的逻辑连贯性。

三、有关机器翻译的其他相关思考

（一）机器翻译与高级翻译人才培养

在当前背景下，语言服务行业亟需的是高级翻译人才。随着人工智能技术的进步，语言产业迫切需要对翻译专业人才的培训方式进行改革。随着科学技术的飞速发展和"互联网+"时代的到来，人们对于信息交流、沟通方式以及文化传播都有了更高要求。在翻译科技和其他非文学性质的文本时，也必须考虑到"语言的审美价值"。机器学习、自然语言处理技术的飞速发展，使机器翻译成为解决这一难题的有效途径。基于机器翻译的原理，译者在译前和译后都需要进行适当的编辑工作，这样可以增强译文的精确性和审美价值，并减少机器翻译可能出现的误差和翻译腔。常言道："他山之石，可以攻玉。"在当今信息社会里，"翻译"是一门跨学科、跨媒体的综合性技术应用学科，不仅涉及语言学、翻译学、社会学等多个方面，还与计算机科学、心理学、经济学、管理学等相关知识息息相关。在数字化的时代背景下，那些从事翻译工作或即将进入翻译领域的专业人士，应当深刻认识到"机器翻译"这一"他山之石"与"译者"这一"玉"之间的积极联系。在当下，随着互联网技术的飞速发展，"互联网+"已经成为一个重要的发展方向，而其中最主要的就是互联网科技翻译平台的建设。不论是使用谷歌翻译还是其他翻译工具，它们都显著地提升了翻译的效率，并淘汰了很多的初级翻译人员，从而提高了整个翻译行业的入门标准。这使得越来越多的人开始关注起机器翻译，希望借助机器来完成更高层次的工作任务，从而达到更好的翻译效果。翻译不仅是技术领域的一部分，也是艺术学的一部分，可以认为翻译既是一门科学，也是一种艺术。翻译的过程不仅是语言转换的过程，更是一种创造性的思维过程，这决定了翻译必须以创新为灵魂。为了确保翻译的精确性、地道性以及译文的美感，对译者的培养更加专业化、更具深度，借助技术和机器的双重支持，来减少成本、提升工作效率并追求翻译的高质量。随着互联网技术的飞速发展以及人工智能技术的广泛应用，人类社会进入一个新的发展阶段——智能时代。因此，作为译者，需要紧跟这个时代的步伐，培养自己的高级思维能力，并最大化地利用科学技术，适应不断变化的环境。

（二）机器翻译辅助英语学习

近年来，在人工智能背景下，机器翻译发展迅猛，其应用领域也随之扩宽，除被应用于翻译领域外，还可应用于其他领域，如英语学习者可以借助机器翻译辅助自己的英语学习。下面，作者将从阅读、写作和词汇学习方面，简略说明机器翻译对英语学习者的辅助作用以及应当注意的问题。

当学习者在阅读过程中碰到难以理解的句子，可以将原始文本导入机器翻译系统中，借助参考的汉语译文来帮助他们更好地理解原文。如果学习者没有足够的能力去学习，还可以借助其他学科或领域内优秀的研究成果，如英语、俄语等语言材料帮助自己理解文章。然而，这样做的基础是学习者需要进行深入的独立思考，只有当自己真的无法解决阅读理解的问题时，才能寻求机器翻译的帮助。

当学习者在写作时感到困惑，不知道如何用英语表达某个观点，或者担心表达不够地道时，可以先用中文表达想法，然后用机器翻译，参考机器翻译的译文后再继续写作，这样可以提高写作能力。需要强调的是，学习者在学习过程中不能简单地复制机器翻译，他们需要判断机器翻译的准确性，或者深入思考机器翻译的优缺点，并从中吸取教训。只有这样，学习者才能从消极的学习态度转变为积极的学习态度，否则他们可能会变得懒惰。

如果仅仅依赖词典来处理不熟悉的词语，学习者可能会遇到多义词含义难以明确的问题。然而，如果采用机器翻译技术，有时能够更迅速和准确地确定词义，因为高品质的机器翻译能够根据上下文信息更准确地判断多义词在特定语境中的意义。此外，学习者能够利用机器翻译的结果，在特定的语境中记住不熟悉的词汇，进而实现词汇的累积。但学习者也要注意避免过于依赖机器翻译，导致失去了自己动脑思考的机会。值得推荐的做法是，学习者先根据上下文自行推断词义，在不确定的情况下借助机器翻译进行对比，看看自己的判断与机器的判断有何异同，这样不仅锻炼了自己的思维能力，也有助于更好地记住和使用单词。

参考文献

[1] 张武江，冯硕.大学英汉翻译教程 [M].北京：中国传媒大学出版社，2023.

[2] 桂念，李晶，马萍.英汉语言文化对比视觉下的英语翻译研究 [M].长春：吉林出版集团股份有限公司，2023.

[3] 王建国.汉英对比视角下的翻译实践分析 [M].北京：中国对外翻译出版公司，2023.

[4] 陈海英.英汉互译应用教程 [M].北京：电子工业出版社，2022.

[5] 王恩冕.大学英汉翻译教程 第 5 版 [M].北京：北京对外经济贸易大学出版社，2021.

[6] 曾宇钧.基于英汉语言文化对比的翻译研究 [M].北京：中国原子能出版传媒有限公司，2021.

[7] 康志峰.翻译研究与教学 第 6 辑 [M].上海：复旦大学出版社，2021.

[8] 曲悦珍.英汉翻译与教学研究 [M].西安：西北工业大学出版社，2020.

[9] 谢萌.新时期英汉语言文化与翻译对比研究 [M].北京：中国纺织出版社，2019.

[10] 周保才.英汉翻译技法与实践 [M].昆明：云南科技出版社，2019.

[11] 程爱丽，夏伦.长难句中的英汉语言差异体现及其翻译策略 [J].英语广场，

2023（26）：45–49.

[12] 李建娜 . 基于英汉两种语言的差异探析翻译技巧的应用 [J]. 现代英语，2023
（16）：95–98.

[13] 曹祯 . 语域理论视角下科普文本的英汉翻译探究 [J]. 海外英语，2023（11）：
53–55.

[14] 郝小磊 . 关于英汉翻译中文化语境的作用分析及逻辑方法论 [J]. 中国民族博
览，2023（11）：231–233.

[15] 余碧燕，江越，乔晶 . 英汉翻译句法多样化特征及成因 [J]. 西安电子科技大
学学报（社会科学版），2023，33（1）：128–135.

[16] 陈婉汀 . 英汉对比研究下的记叙类短文翻译 [J]. 现代英语，2023（5）：99–
102.

[17] 倪筱燕 . 英汉语言文化差异及翻译策略研究 [J]. 文化创新比较研究，2023，
7（6）：25–28.

[18] 胡皓童 . 英汉语言句法差异对比及翻译策略探析 [J]. 锦州医科大学学报（社
会科学版），2022，20（6）：109–112.

[19] 施晓燕 . 英汉对比在翻译教学中的实践探索 [J]. 汉字文化，2022（22）：
131–133.

[20] 王云霞 . 基于英汉对比视域的英语长句翻译方法探究 [J]. 现代英语，2022
（20）：57–60.

[21] 沈颖 . 汉英翻译中比喻的翻译 [D]. 北京：北京外国语大学，2022.

[22] 栾晓晨 . 大学生基于智能翻译教学平台的自我纠错行为研究 [D]. 上海：上海
外国语大学，2022.

[23] 叶静文 . 英语翻译课堂教师话语及其教学设计研究 [D]. 南京：南京邮电大
学，2021.

[24] 王建煜 . 英语复杂从句的翻译问题与解决方案 [D]. 大连：辽宁师范大学，
2021.

[25] 尚晓悦 . 英语名词化的理解和翻译 [D]. 兰州：兰州大学，2021.

[26] 王付婷 . 汉英翻译的语篇连贯及实现策略 [D]. 上海：上海外国语大学，2021.

[27] 肖波强 . 汉英翻译中如何避免中式英文 [D]. 上海：上海外国语大学，2021.

[28] 曲燕 . 交际翻译理论视角下英语插入语的翻译 [D]. 太原：山西大学，2020.

[29] 梁鹏程 . 汉英翻译学习电子词典场景融合设计研究 [D]. 南京：南京大学，2020.

[30] 刘丽妍 . 基于语料库的英汉科技翻译语言特征研究 [D]. 南京：南京理工大学，2020.